아이와 함께 연필로 하는 수학 보드게임

연산 문제 하나 더 빨리 푸는 것보다 골똘히 두뇌 회전 한 번 하는 건 어떤가요?

나의 전략도 중요하지만 상대방의 생각을 추측하는 것은 또 다른 두뇌 회전의 놀이 묘미가 아닐까요?

수학적 사고력의 깊이는 유연하고 다양한 뜻밖의 생각을 떠올리는 데에서 생기지 않을까요?

아이와 함께 연필로 수학 보드게임을 하면서 수학놀이의 재미를 느껴 보시길 !!!!!

차례

논리 놀이

▶ 말(나이트)의 이동 ············ 7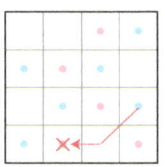

▶ 말의 이동과 틱택토 ··········· 13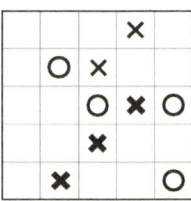

▶ 하늘의 별따기 ··············· 19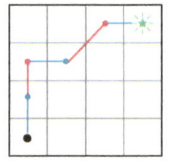

▶ 모두 X 만들기 ··············· 23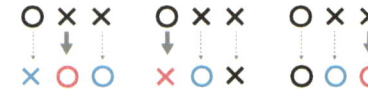

▶ 모두 X 만들기 2 ············· 27

▶ 4색 게임 ···················· 31

수 놀이

▶ 15만들기 ……………………… 41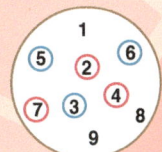

▶ 숨겨진 숫자 맞추기 ………… 45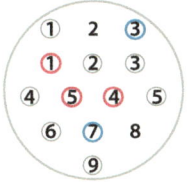

▶ 소수 찾기 …………………… 49

▶ 10만들기 ……………………… 53

▶ 세 수의 합 …………………… 57

▶ 3의 배수로 삼각형 만들기 … 61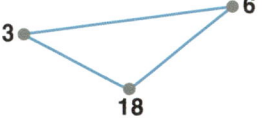

▶ 더해서 큰 수 만들기 ………… 65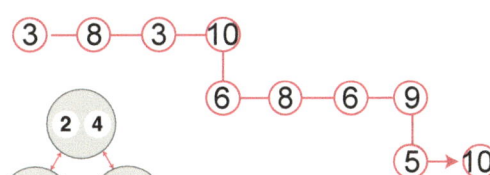

▶ 숫자 찾기 …………………… 69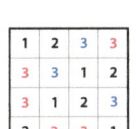

▶ 스도쿠 함정 만들기 ………… 83

▶ 약수 놀이 …………………… 87

도형 놀이

- ▶ 상자 만들기·················· 93

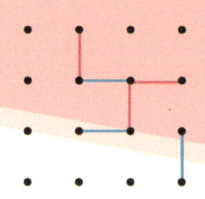

- ▶ 삼각형 상자 만들기·············· 97

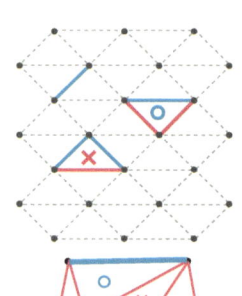

- ▶ 삼각형 만들기·················· 103

- ▶ 사각형 만들기·················· 111

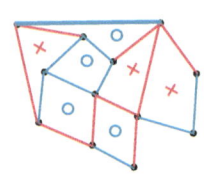

- ▶ 여러 가지 정사각형 만들기······ 117

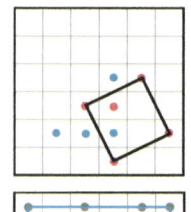

- ▶ 여러 가지 정사각형 안만들기··· 121

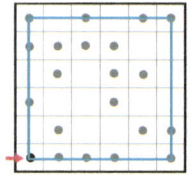

- ▶ 삼각형 그리기·················· 127

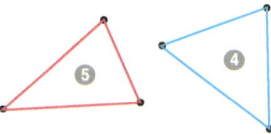

- ▶ 사각형 그리기·················· 131

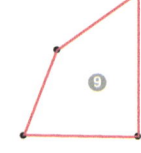

논리 놀이

- 말(나이트)의 이동
- 말의 이동과 틱택토
- 하늘의 별따기
- 모두 X 만들기
- 모두 X 만들기 2
- 4색 게임

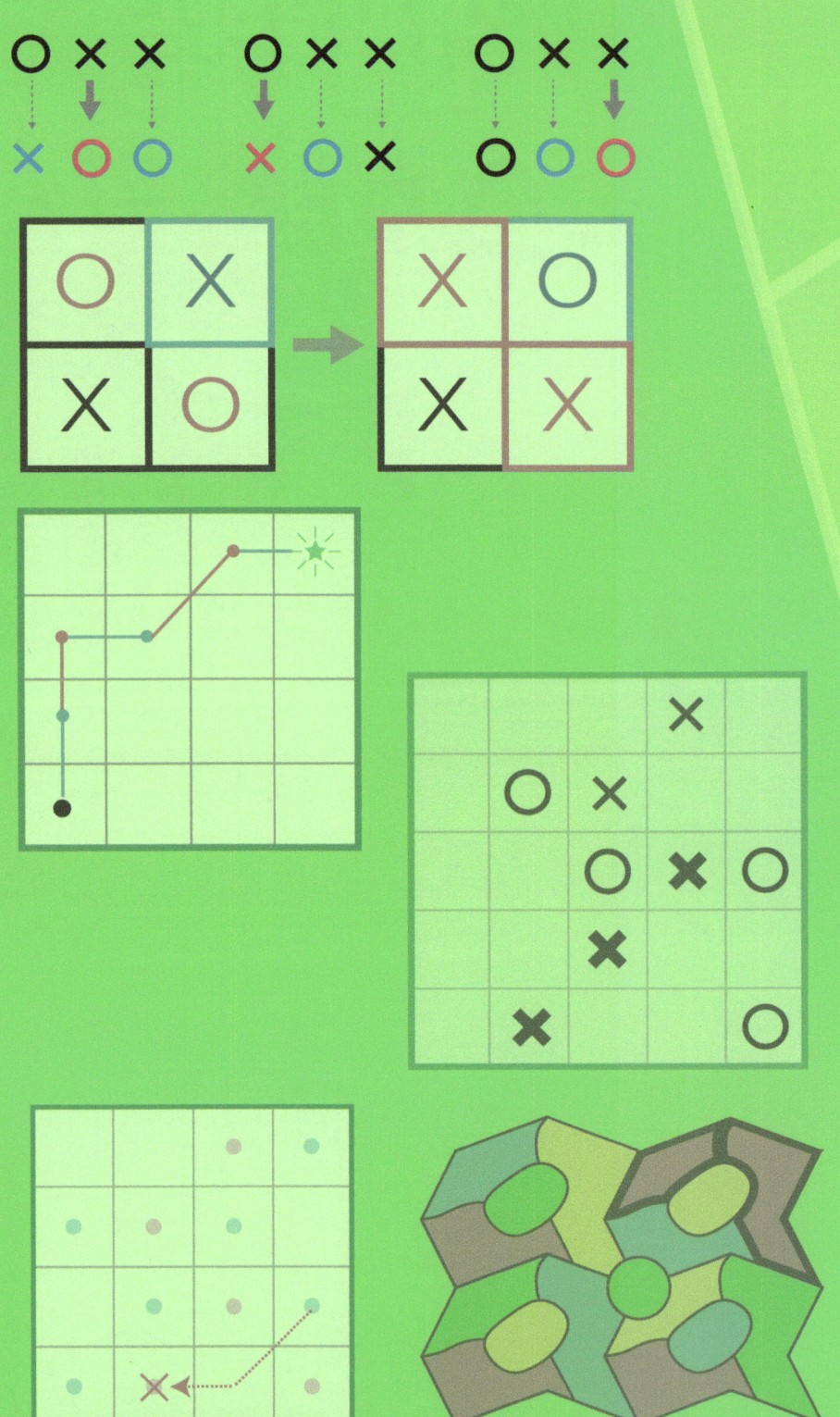

말(나이트)의 이동

놀이목표
말(나이트)이 더이상 이동할 곳이 없도록 규칙에 맞게 말을 이동시키는 게임이다.

놀이방법
1. 서로 번갈아가며 말(나이트)을 이동시킨 곳에 점을 찍는다.
2. 처음 점을 찍는 곳은 놀이판 어디든 상관 없다.
3. 더이상 말(나이트)이 이동할 수 없으면 지게 된다.

놀이규칙
말의 이동 경로는 아래와 같이 가로 또는 세로와 대각선으로 한칸씩 이동해야 하며 한칸에는 반드시 점이 한개씩 있어야 한다.

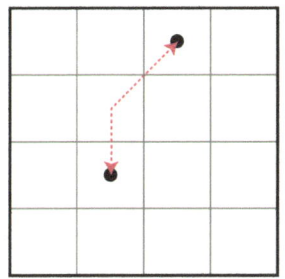 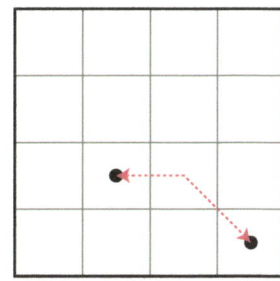 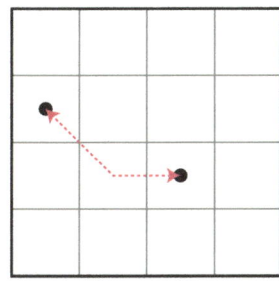 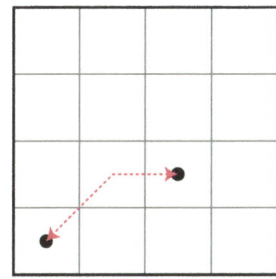

Tip
서양의 체스나 동양의 장기에서 이동하는 경로가 같은 것이 있다.
장기에서는 '말' 체스에서는 '나이트' 라고 한다.
말(나이트)의 이동은 격자판의 수가 늘어나면
경우의 수가 훨씬 많아져서 게임 시간도 길어진다.

말(나이트)의 이동

놀이진행

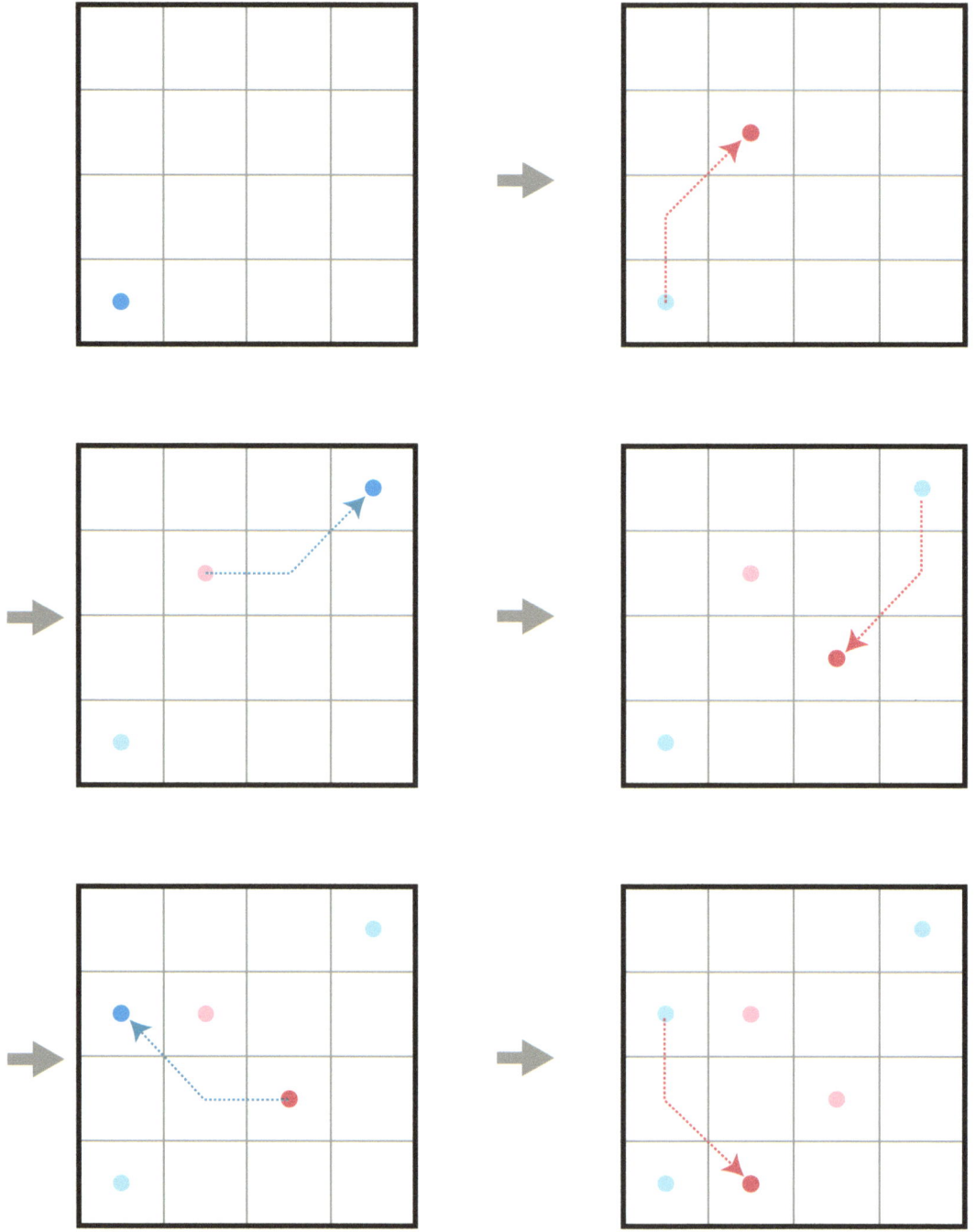

말(나이트)의 이동

놀이진행

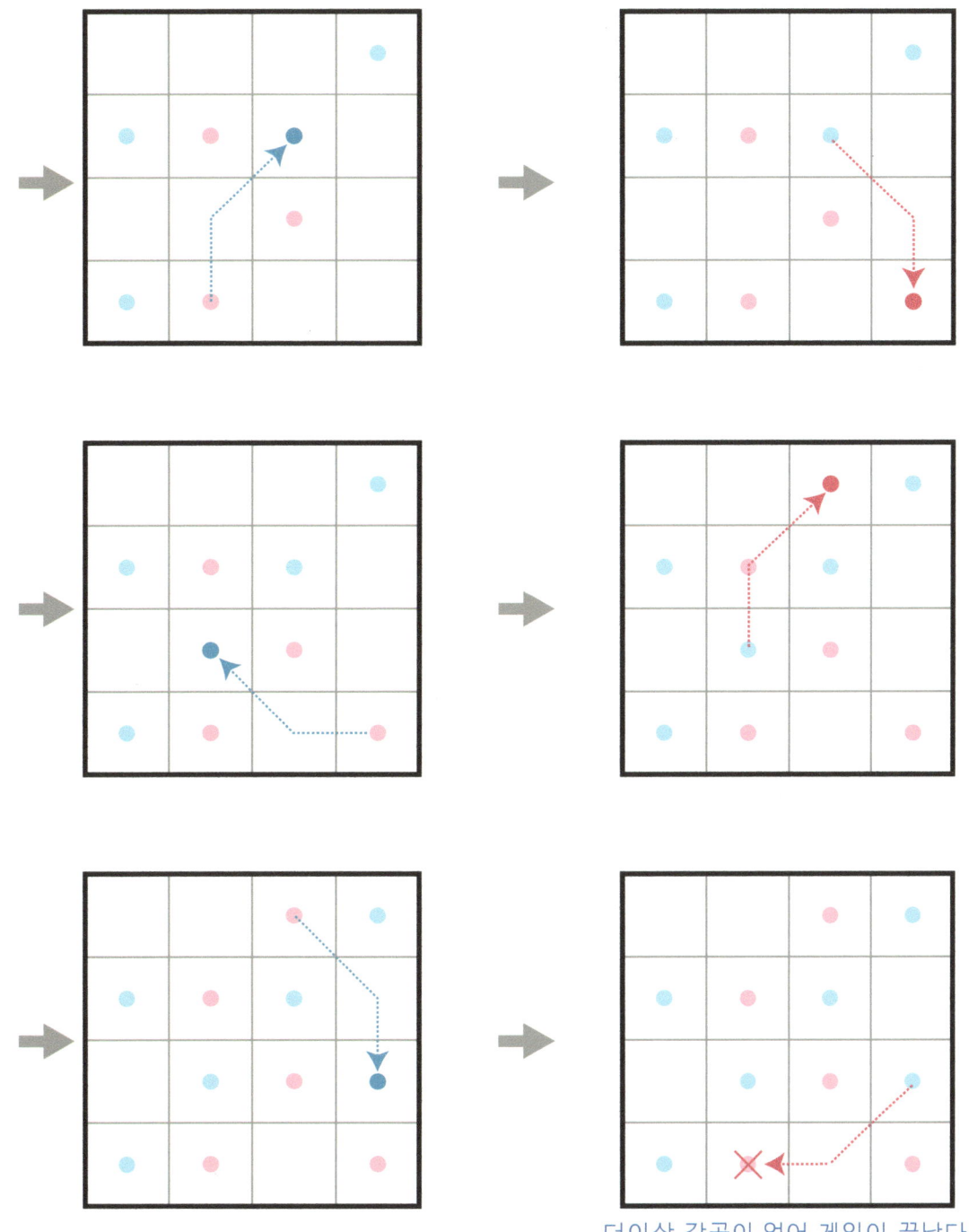

더이상 갈곳이 없어 게임이 끝났다.

말(나이트)의 이동

놀이진행

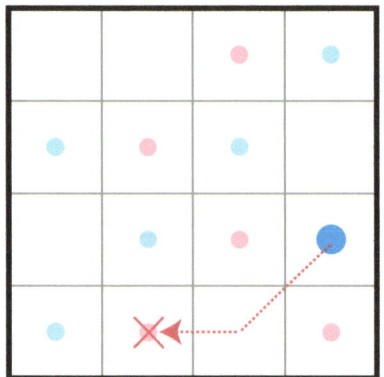
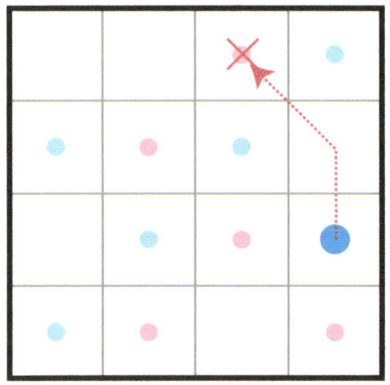

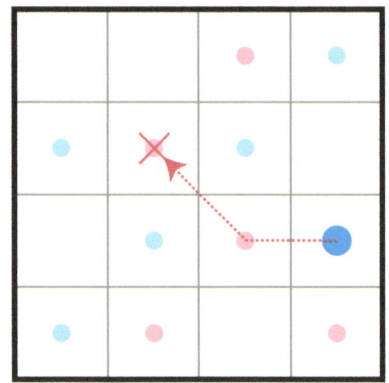
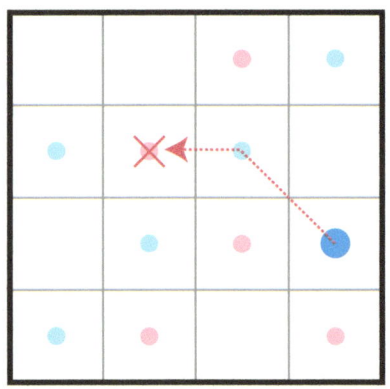

어느 곳으로 가도 먼저 정해진 말이 있어서 더이상 갈 곳이 없다.

말(나이트)의 이동(4×4)

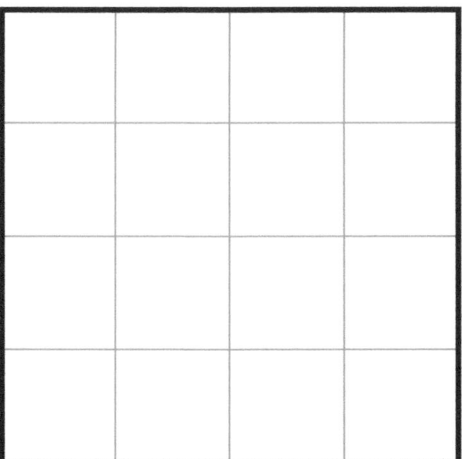

말(나이트)의 이동(5×5)

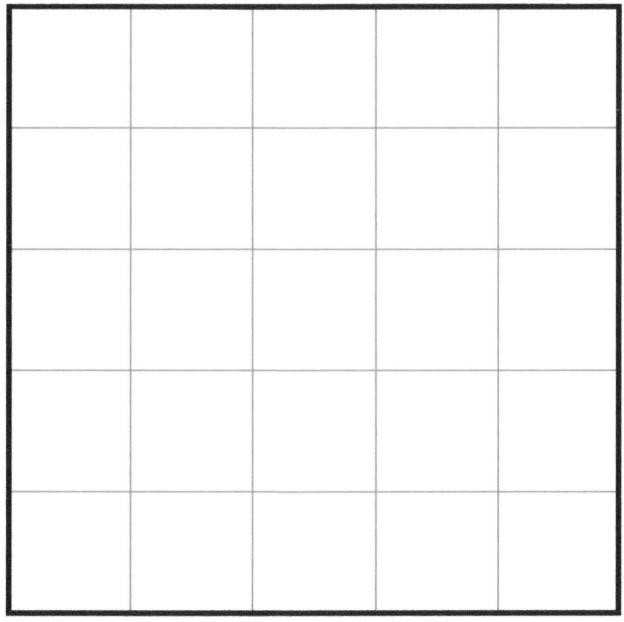

말(나이트)의 이동(6×6)

말의 이동과 틱택토

놀이목표

말(나이트)을 이동시켜 가로, 세로, 대각선으로 3줄(틱택토)을 만드는 게임이다.

놀이방법

1. 서로 번갈아가며 말(나이트)을 이동시킨 곳에 O와 X로 각자 표시를 한다.
2. 처음 모양을 표시하는 곳은 놀이판 어디든 상관 없다.
3. 먼저 같은 모양 3줄을 연달아 만들면 이기게 된다.

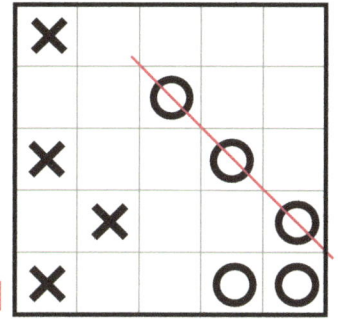
O표 승리

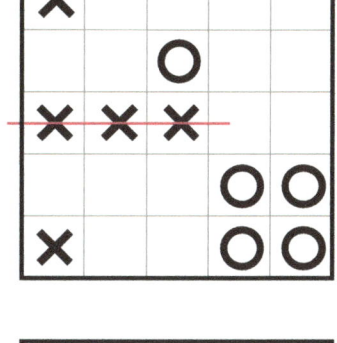
X표 승리

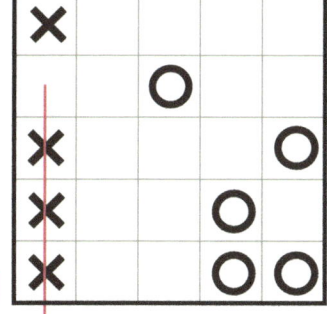
X표 승리

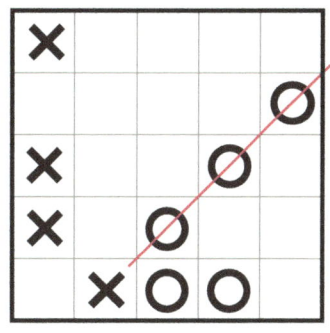
O표 승리

Tip

서양의 체스나 동양의 장기에서 이동하는 경로가 같은 것이 있다.
장기에서는 '말' 체스에서는 '나이트' 라고 한다.
말(나이트)의 이동 경로가 가장 복잡하다. 이 게임은 말(나이트)의 이동 경로를 예측하는 것이다. 격자판은 반드시 5X5에서 해야 한다.

말의 이동과 틱택토

놀이규칙

1. 말은 아래와 같이 가로 또는 세로로 한칸, 그리고 대각선으로 한칸씩 이동해야 한다.

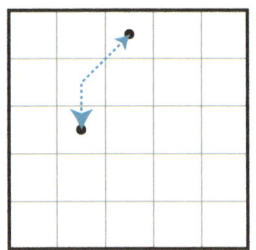 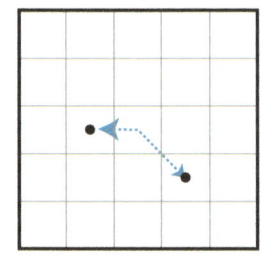 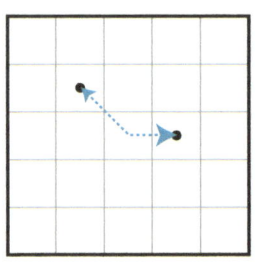 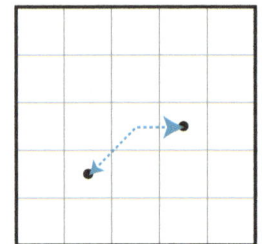

2. 처음 시작할 때는 임의의 위치에서 O 또는 X표시를 한다.

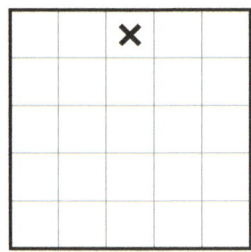

3. 다음 사람은 반드시 앞사람이 표시한 곳에서 시작해야 한다.

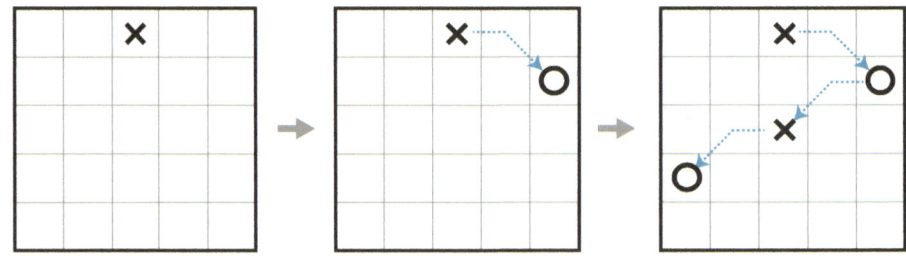

4. 이미 표시가 된 곳에는 겹쳐서 표시할 수 없다.

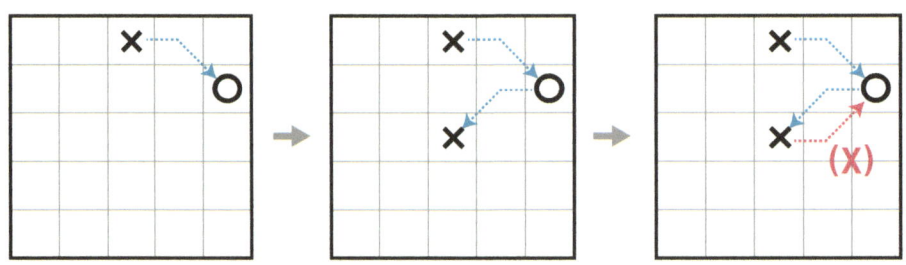

말의 이동과 틱택토

놀이진행.1

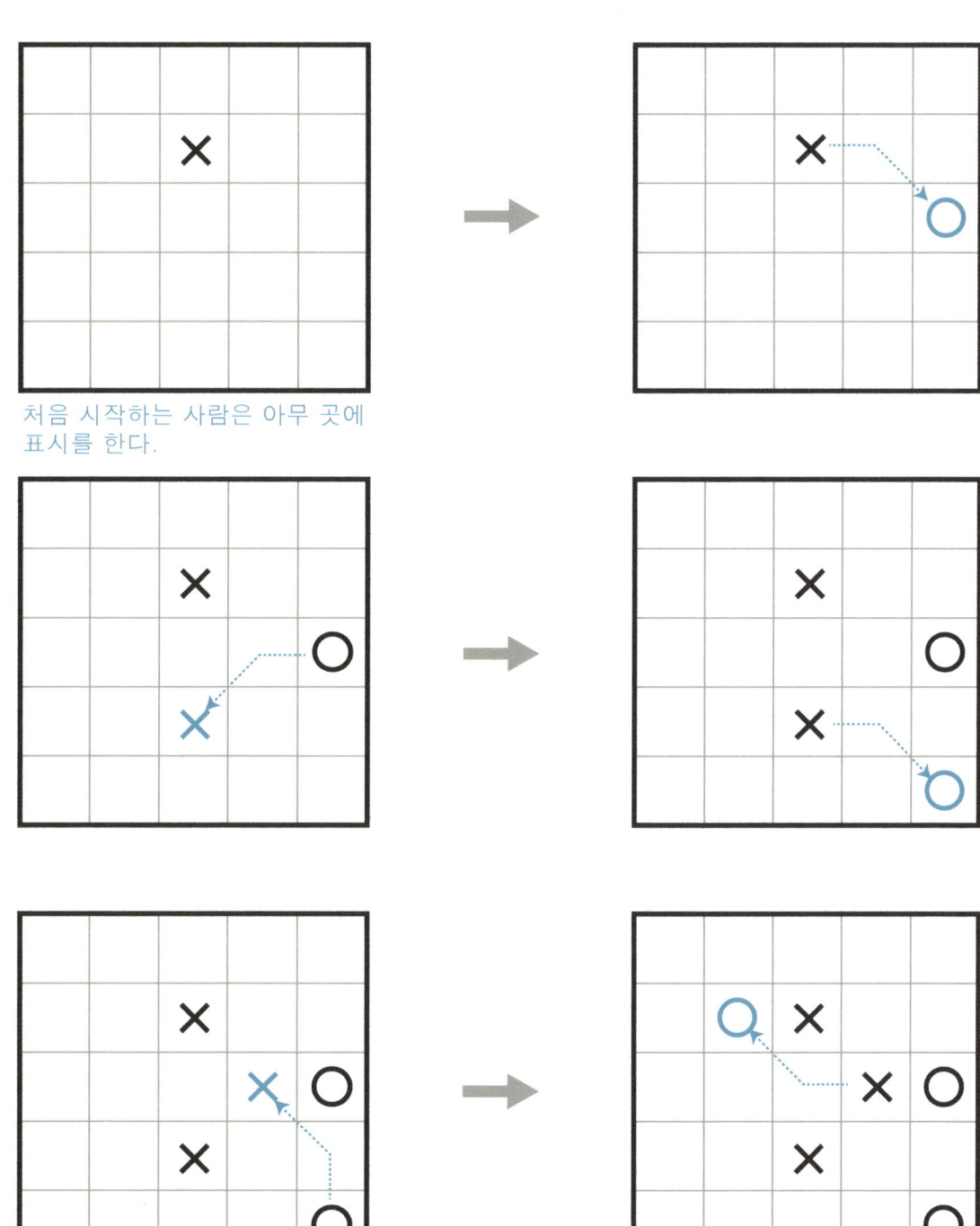

처음 시작하는 사람은 아무 곳에 표시를 한다.

말의 이동과 틱택토

놀이진행.1

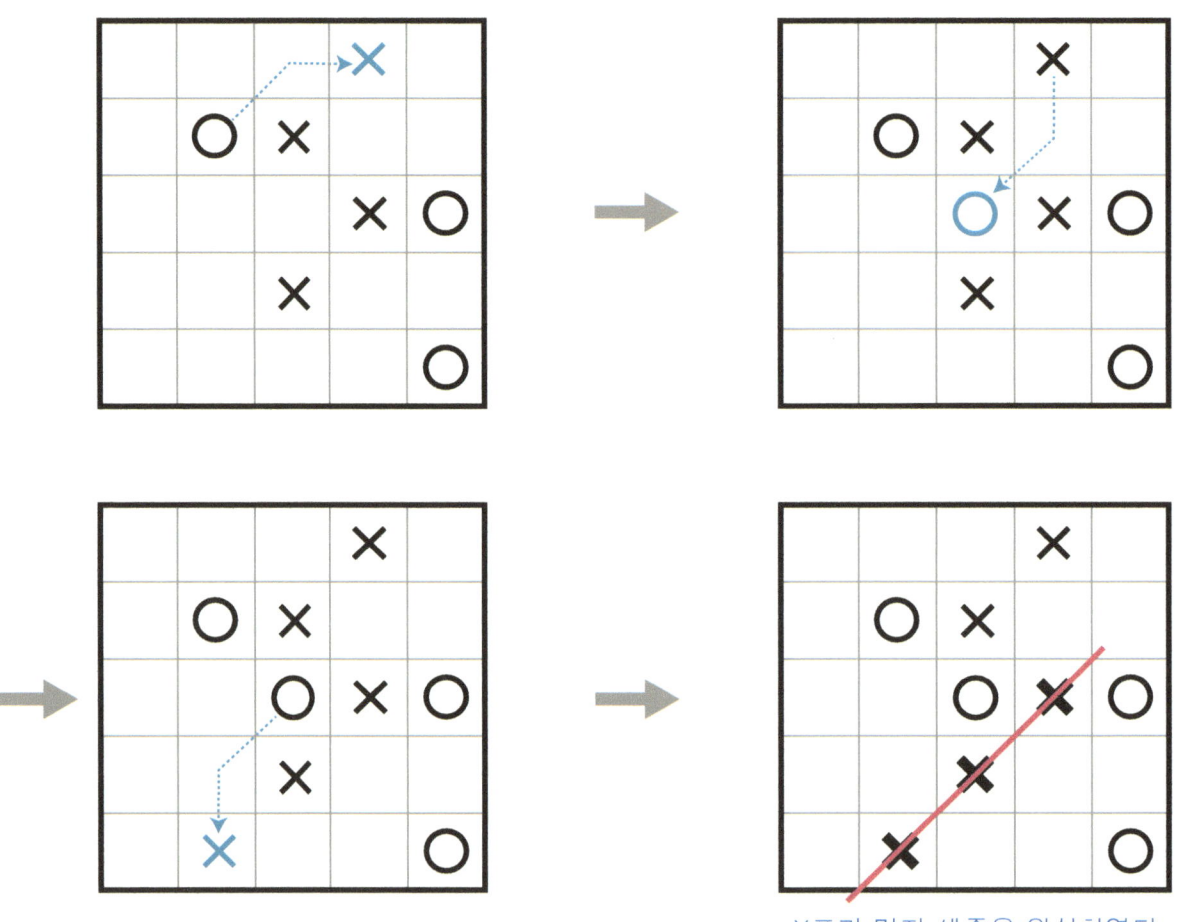

X표가 먼저 세줄을 완성하였다.

말의 이동과 틱택토

놀이진행.2 전략을 잘 세우면 말 세개만으로도 세줄을 완성할 수 있다.

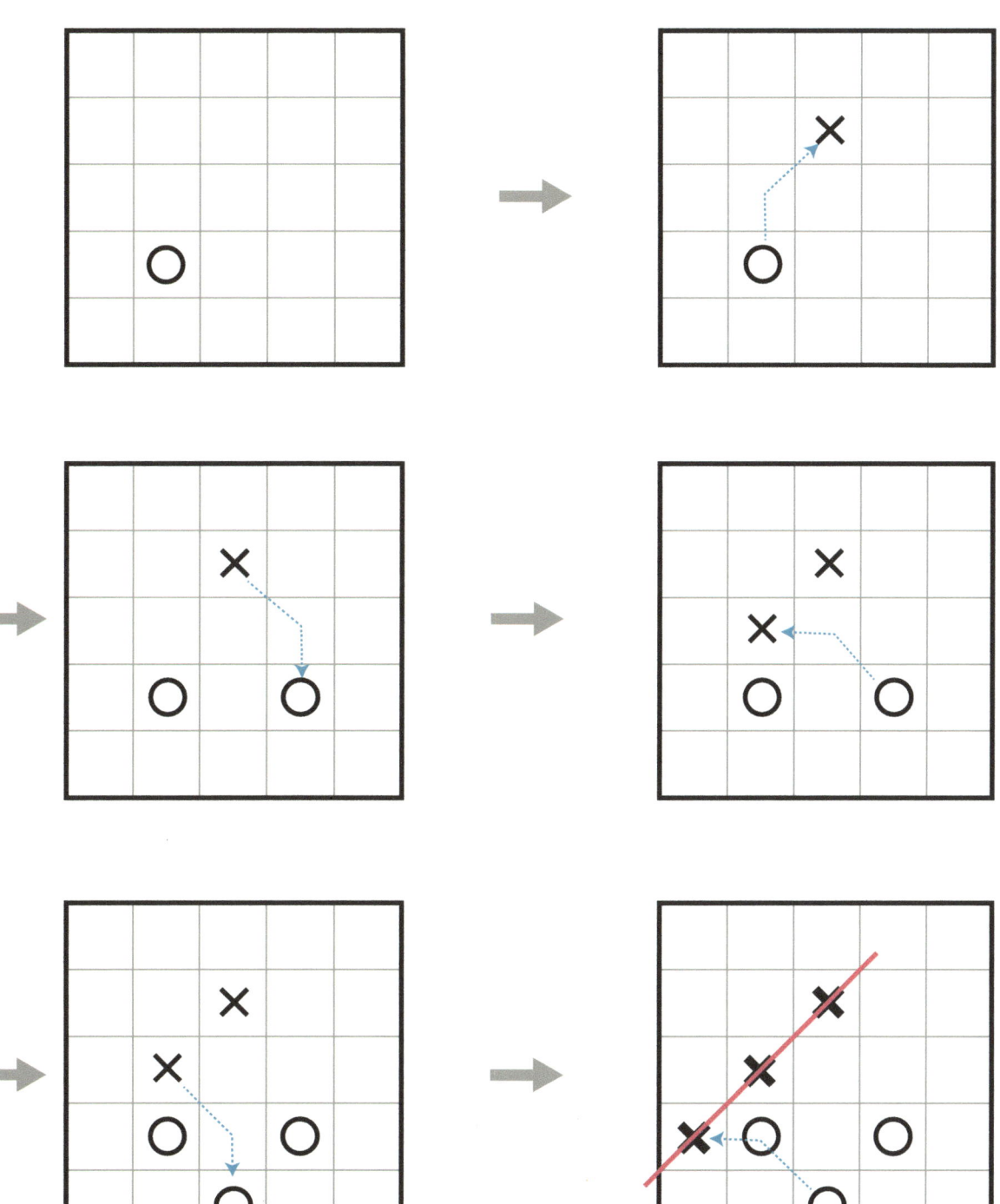

X표가 먼저 세줄을 완성하였다.

말의 이동과 틱택토

하늘의 별따기

놀이목표

출발점에서 별까지 길을 그리면서 찾아가는 게임이다.

놀이방법

1. 출발점에서 시작하여 서로 번갈아가며 길을 그린다.
2. 어쩔수 없이 별에 도착하는 사람이 지게 된다.

놀이규칙

1. 출발점에서 시작하여 위나 오른쪽, 오른쪽 대각선으로 진행한다.

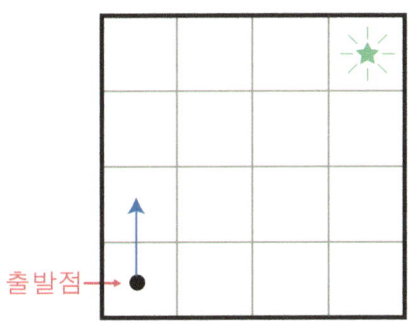 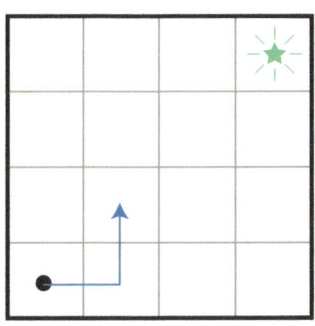 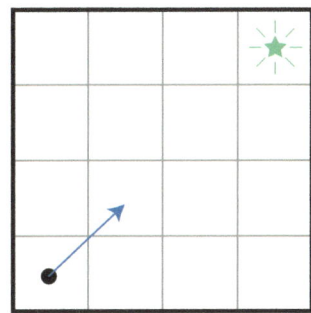

2. 한 번에 한 칸, 또는 두 칸씩만 갈 수 있다.
3. 한 번 지나간 길은 지나갈 수 없다.

Tip

꼬불꼬불 미로게임과 비슷하지만 방향의 제한이 있어서 간단할 것 같지만 별에 가까워 질수록 다양한 전략이 필요하다.

하늘의 별따기

놀이목표

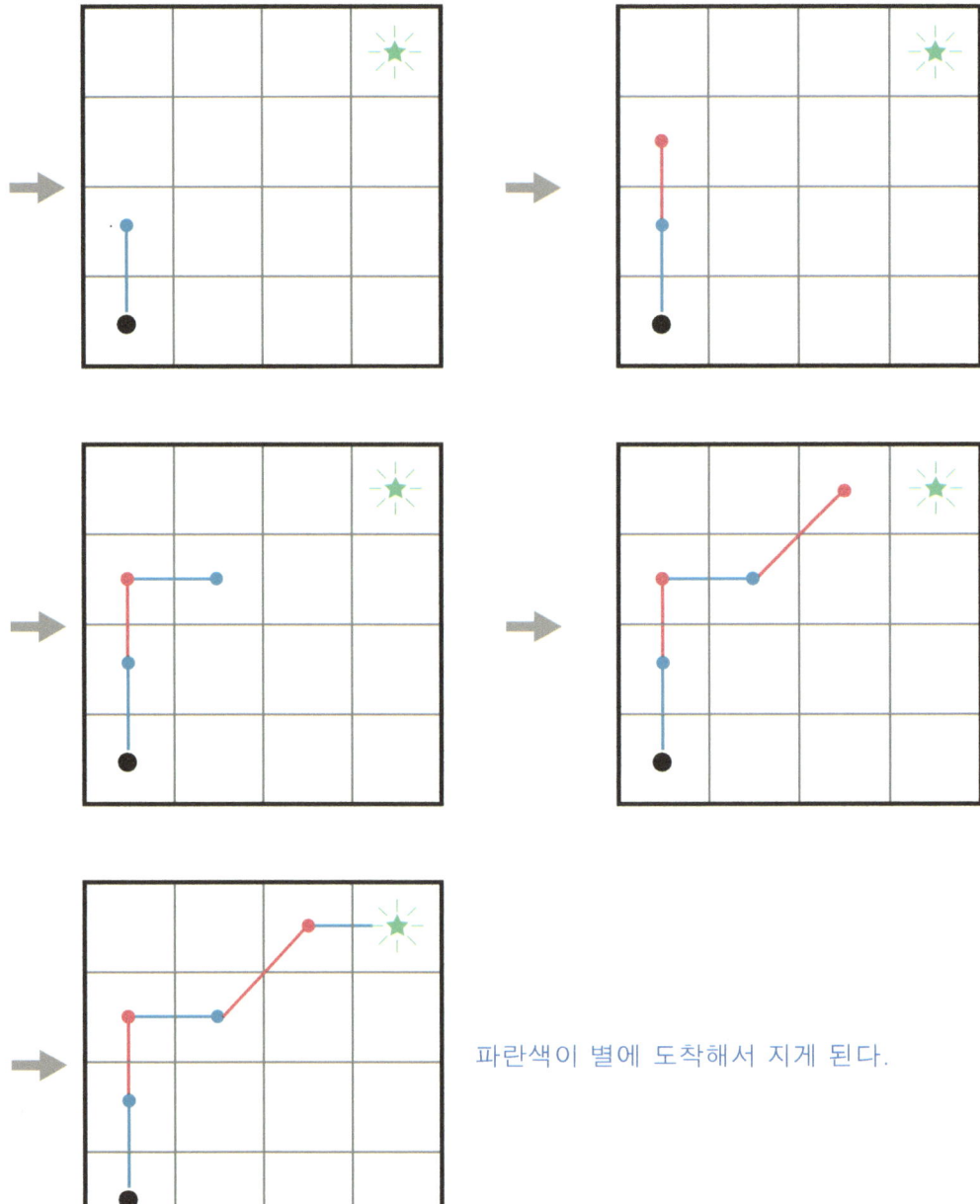

파란색이 별에 도착해서 지게 된다.

하늘의 별따기(6×6)

하늘의 별따기(8×8)

모두 X 만들기

놀이목표

놀이판을 모두 X로 만드는 게임이다.

놀이방법

1. O, X 중 한개의 모양을 고르고 고른 모양 아래 화살표를 하고 모양을 바꾼다.

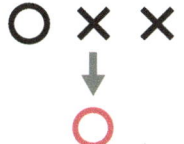 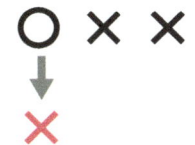 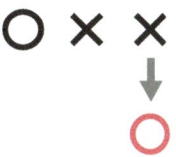

2. 화살표 아래에 고른 모양과 이웃한 모양을 반대로 그린다. 즉, O는 X로 바뀌고 X는 O로 바뀐다.

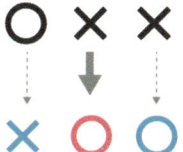 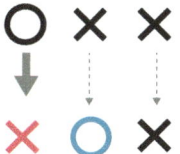 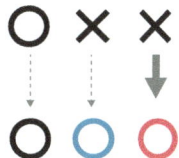

3. 놀이판의 모든 모양을 먼저 X로 만들면 이기게 된다.
4. 열번을 이어가도 승부가 나지 않으면 무승부로 한다.

Tip

라이트아웃이라는 놀이를 응용한 게임으로 수학적으로 최소 횟수로 풀어내는 퍼즐 게임이다. 실력이 비슷하면 비기는 경우가 많다. 모두 X만들기 2보다 단순하다.

모두 X 만들기

놀이진행

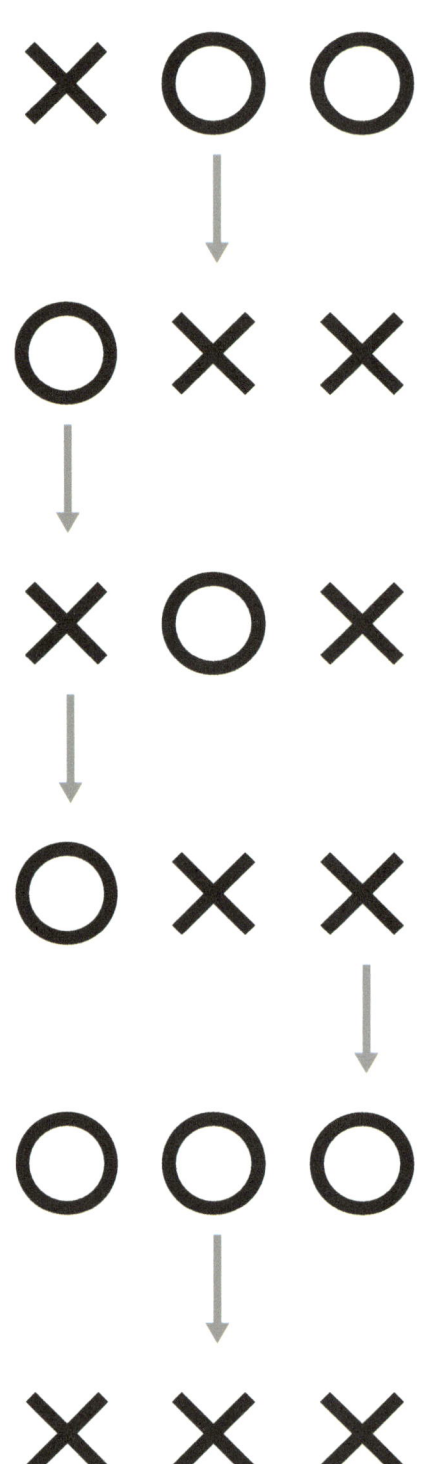

모두 X를 만들어 게임이 끝났다.

모두 X 만들기.1

아래까지 내려가서 끝이 안나면 무승부로 합니다.

✕ ◯ ◯   ✕ ✕ ◯

모두 X 만들기.2

아래까지 내려가서 끝이 안나면 무승부로 합니다.

X O X   O X O

모두 X만들기 2

놀이목표

놀이판을 모두 X로 만드는 게임이다.

놀이방법

1. O, X 중 한개의 모양을 골라 바로 옆 상자에 반대로 그린다. O는 X로, X는 O로 그린다.

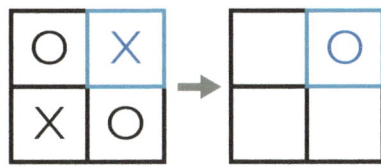

2. 고른 모양을 중심으로 바로 이웃한 모양도 반대로 그린다.

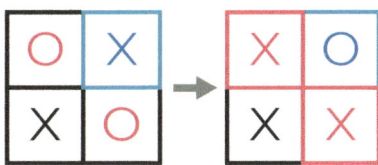

3. 놀이판의 모든 모양을 먼저 X로 만들면 승리한다.
4. 열번을 이어가도 승부가 나지 않으면 무승부로 한다.

Tip

라이트아웃이라는 놀이를 응용한 게임으로 수학적으로 최소 횟수로 풀어내는 게임이다. 둘이서 게임을 할 때 실력이 비슷하면 비기는 경우가 많다.

모두 X만들기 2

> **놀이규칙**

모양 한 개를 선택하고 선택한 모양을 바꾼 후 선택한 모양과 맞닿은 곳의 모양도 반대로 바꾼다. O는 X로, X는 O로 바꾼다.

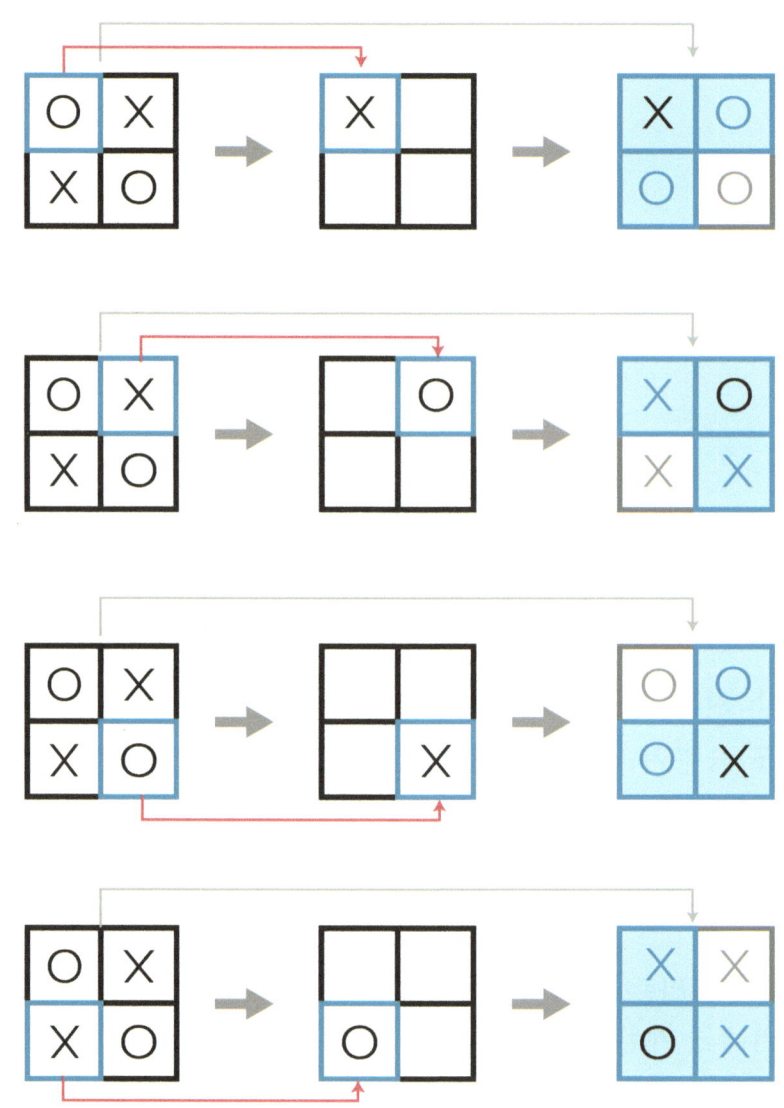

모두 X만들기 2

놀이진행

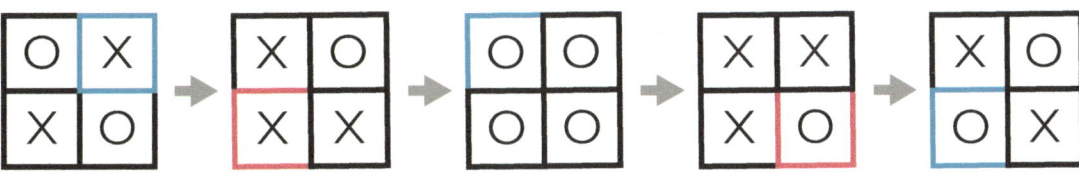

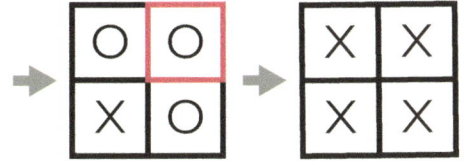 여섯 번에 걸쳐서 모두 X를 만들었다.

위와 같이 바꾸면 두 번만에 모두 X를 만들 수 있다.

모두 X 만들기[2].1

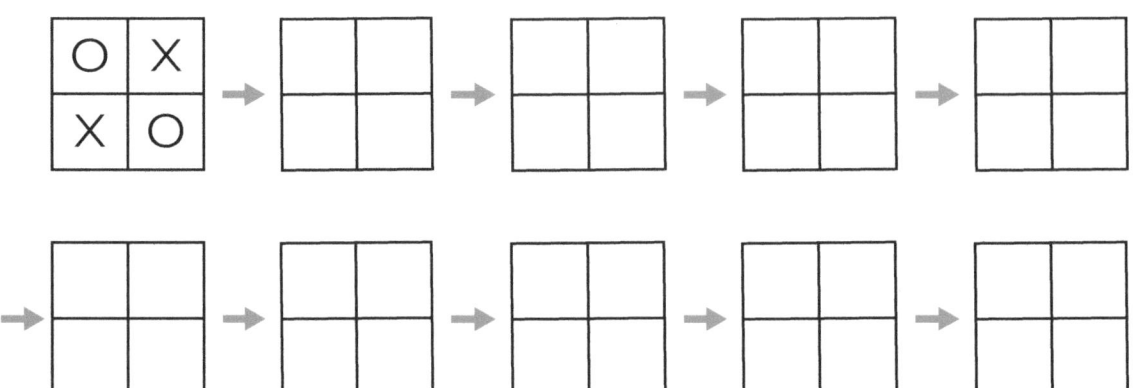

모두 X 만들기[2].2

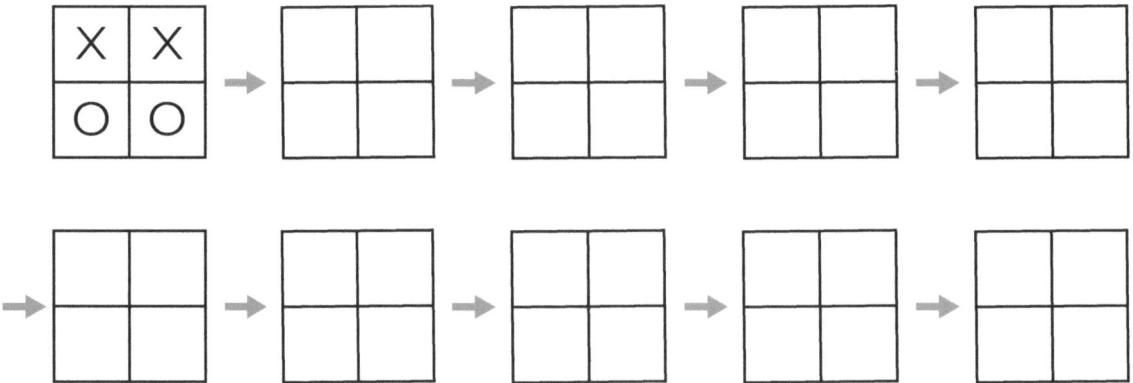

4색 게임

놀이목표

주위의 색과 닿지 않도록 4가지 색을 칠하는 게임이다.(4가지 색 대신 서로 다른 번호로 표시해도 된다.)

놀이방법

1. 서로 번갈아가며 놀이판에 색을 칠한다.
2. 색을 칠할 때는 같은 색끼리 맞닿으면 안된다.

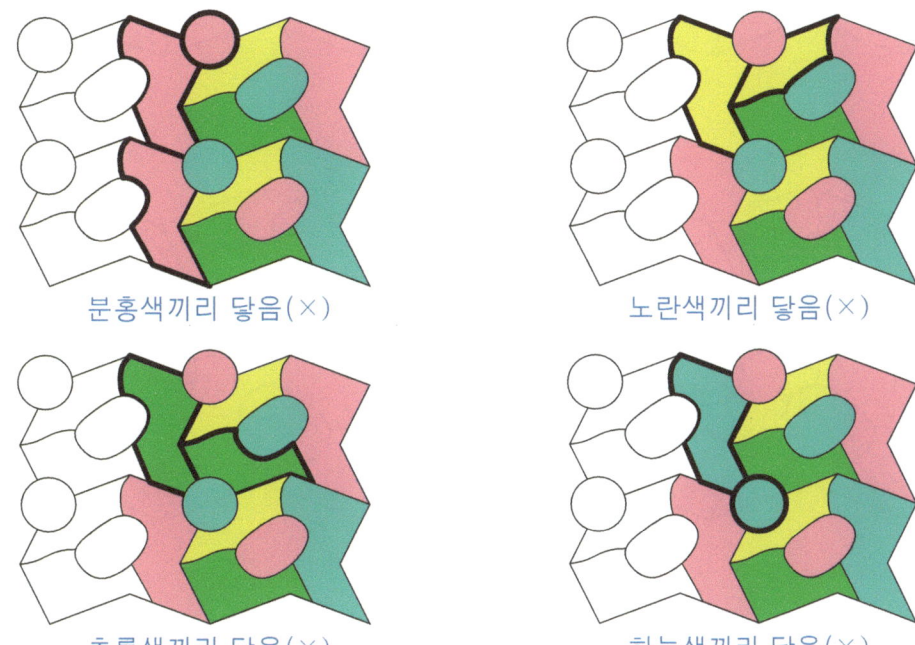

분홍색끼리 닿음(×)　　　　노란색끼리 닿음(×)

초록색끼리 닿음(×)　　　　하늘색끼리 닿음(×)

3. 주위의 색과 다르게 칠할 수 없는 사람이 지게 된다.

Tip

"세계지도를 만들 때 각 나라의 영토를 구분하려면 몇 가지 색이 필요할까?" 라는 문제에서 시작된 게임이다. 수학자들이 4가지 색이면 평면상의 모든 나라를 구분하여 나타낼 수 있다고 증명하였다. 그 후 여러 가지 형태의 4색 보드게임이 출시되었다.

4색 게임

놀이진행

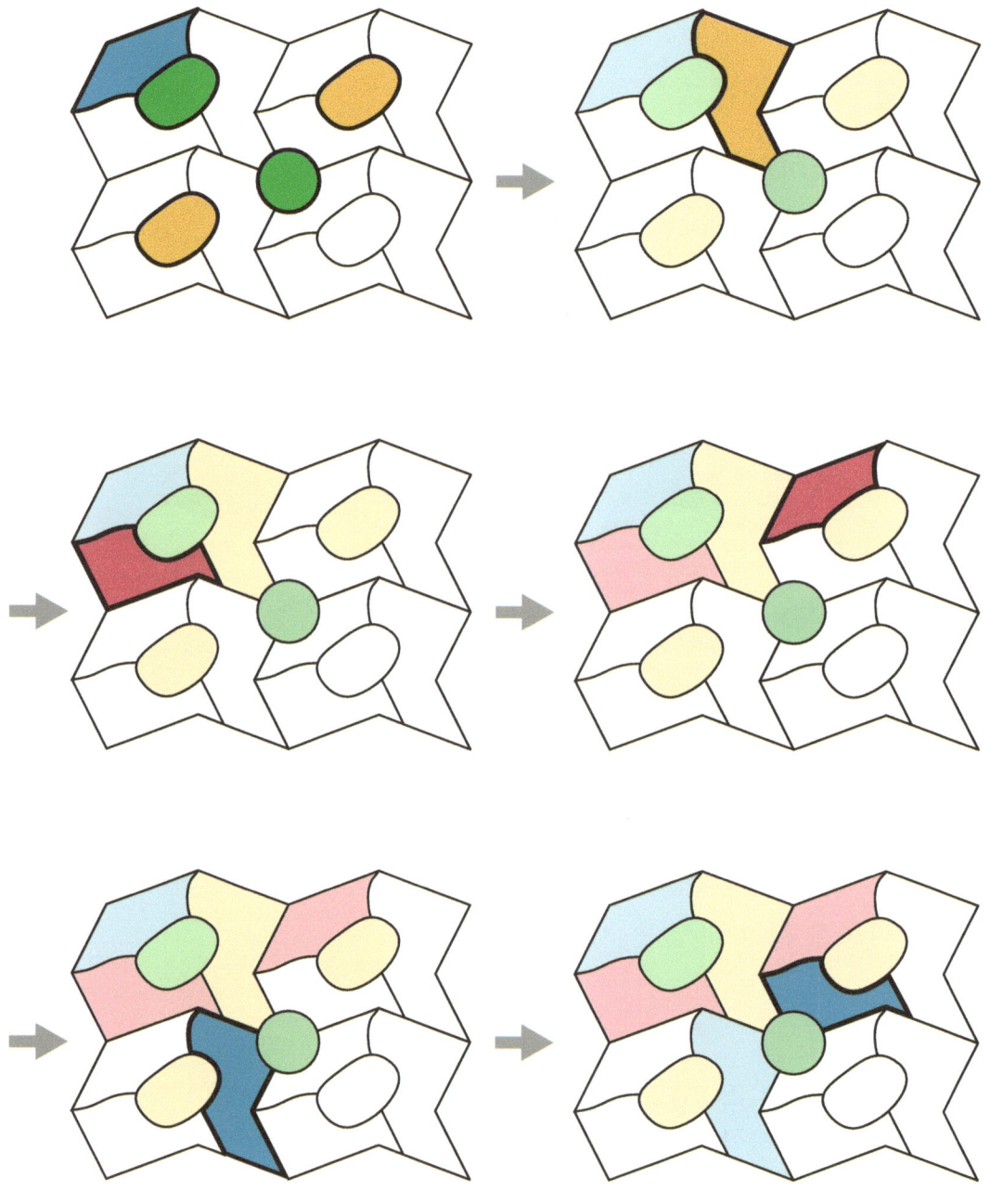

4색 게임

놀이진행

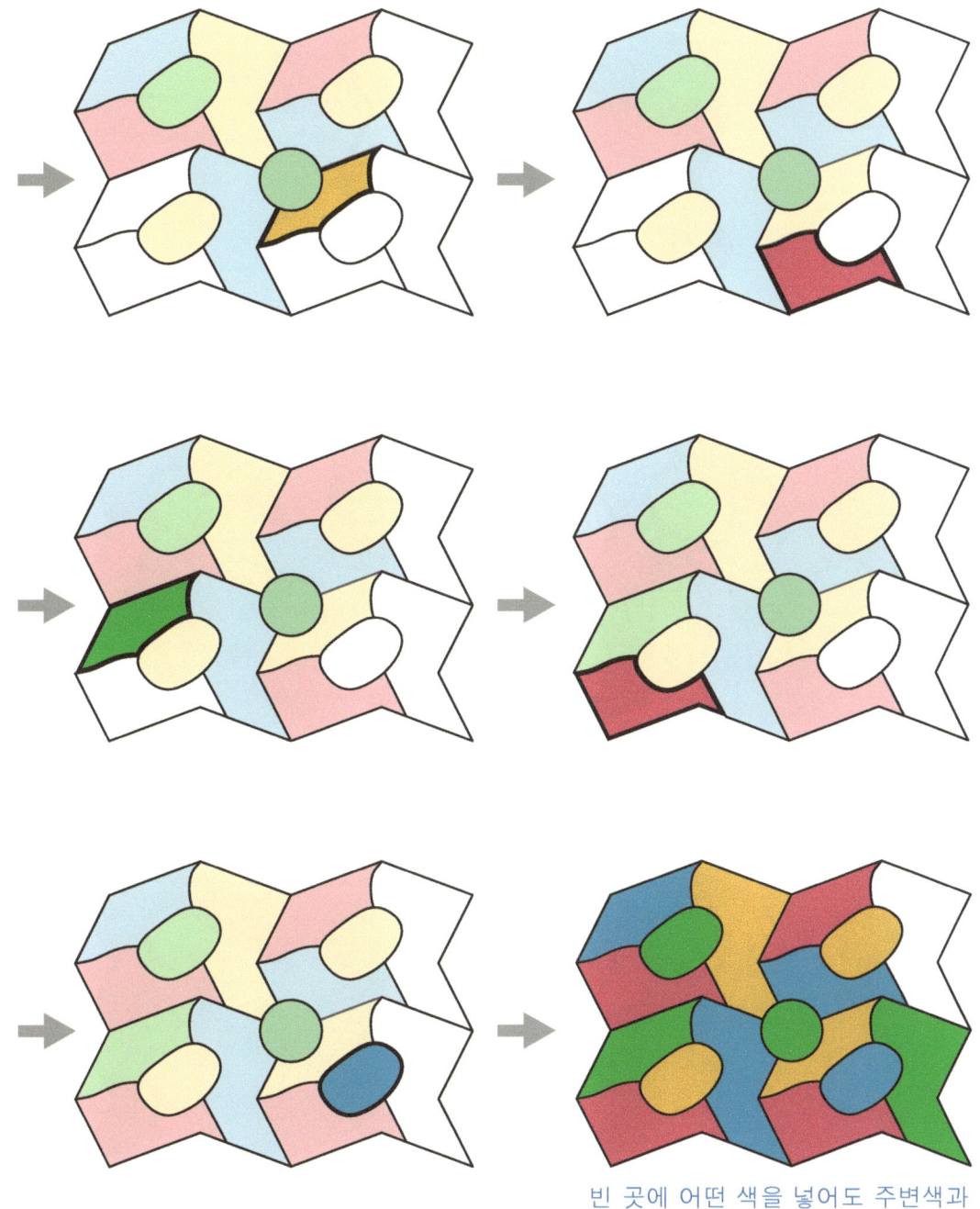

빈 곳에 어떤 색을 넣어도 주변색과 맞닿아 게임이 끝났다.

4색 게임

놀이진행

빈 곳에 어떤 색을 넣어도
주변 색과 맞닿게 되어 지게 된다.

파랑을 넣었을 때

빨강을 넣었을 때

노랑을 넣었을 때

초록을 넣었을 때

4색 게임

놀이진행 숫자를 넣어 진행한 예

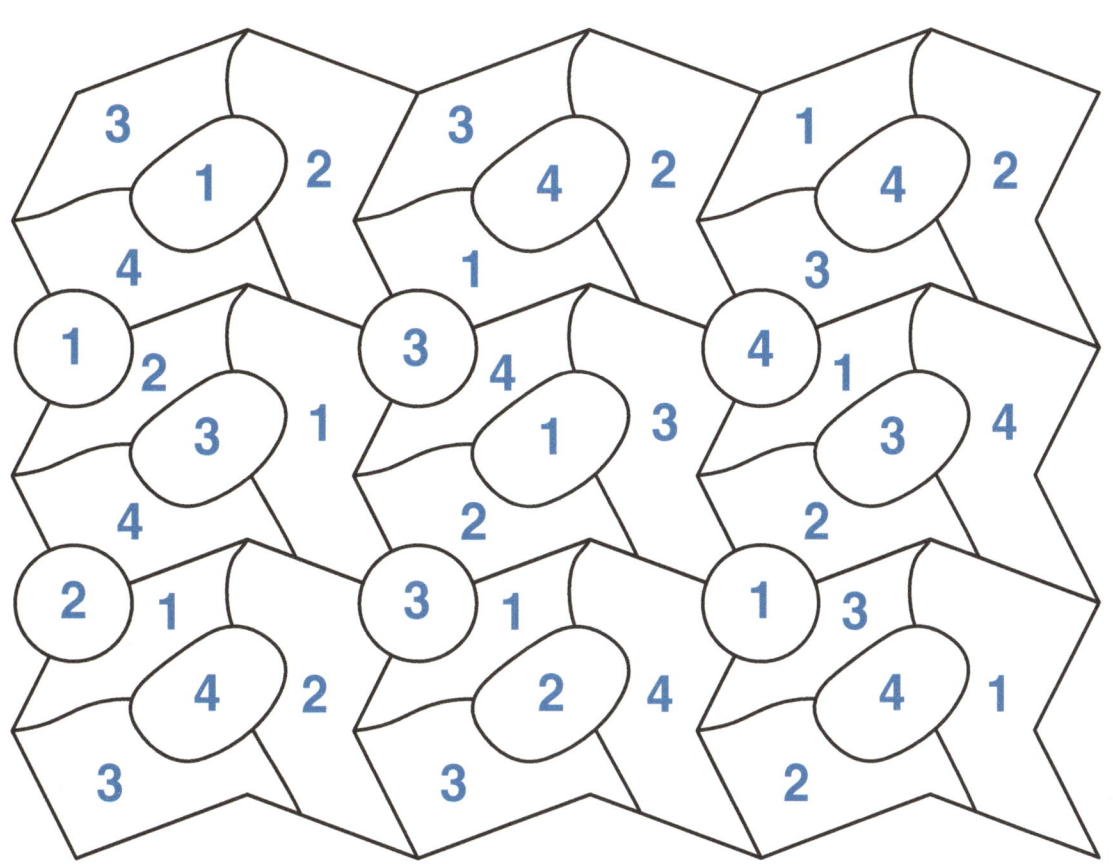

4색 게임.1

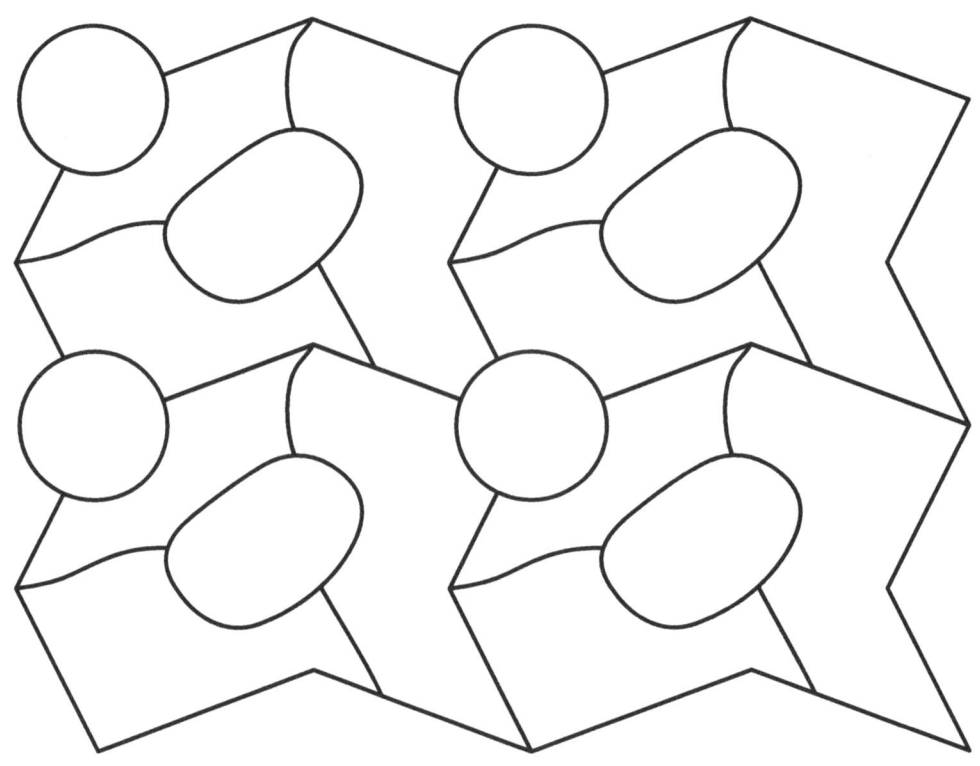

4색 게임.2

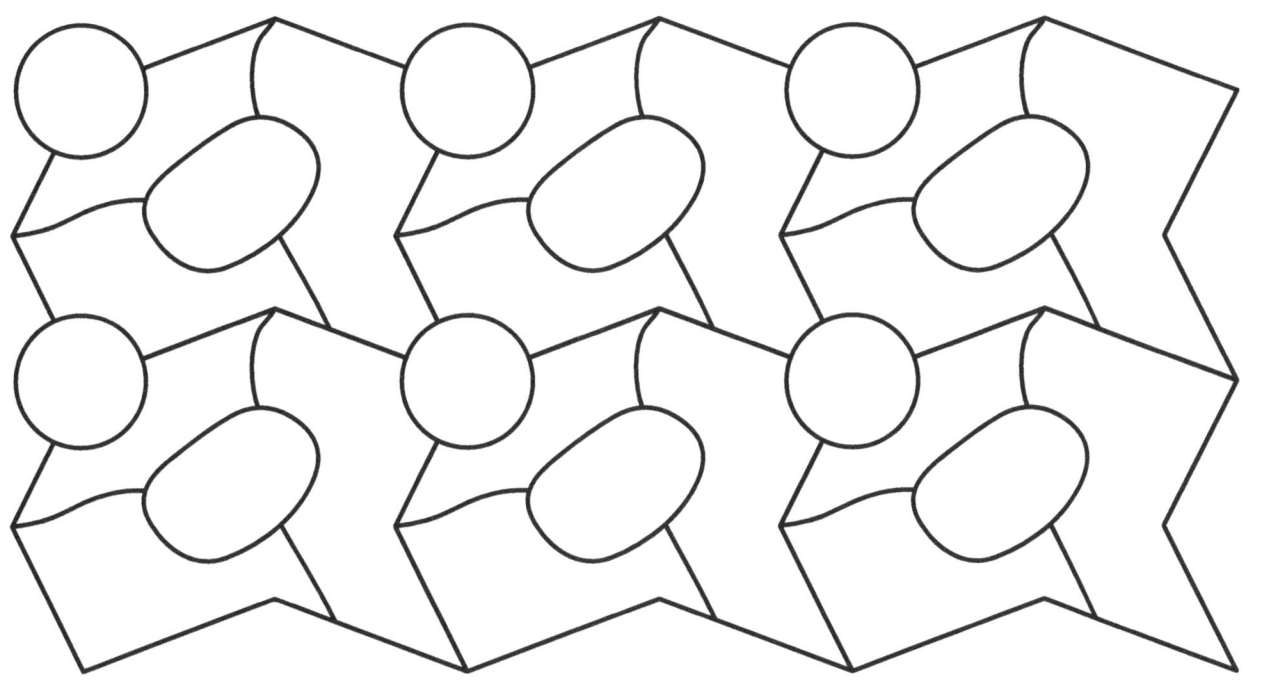

4색 게임.3

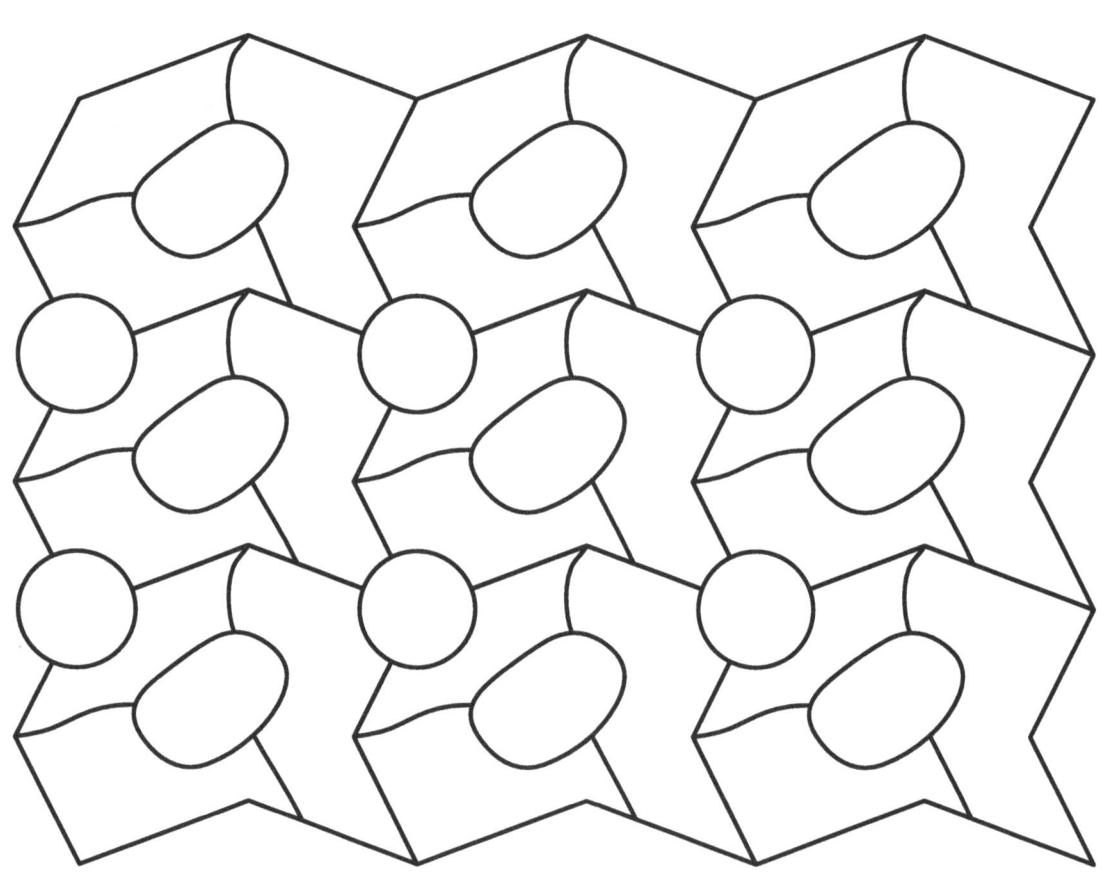

수 놀이

- ▶ 15만들기
- ▶ 숨겨진 숫자 맞추기
- ▶ 소수 찾기
- ▶ 10만들기
- ▶ 세 수의 합
- ▶ 3의 배수로 삼각형 만들기
- ▶ 더해서 큰 수 만들기
- ▶ 숫자 찾기
- ▶ 스도쿠 함정 만들기
- ▶ 약수 놀이

15 만들기

놀이목표

숫자 3개를 더해 15에 가까운 숫자를 만드는 게임이다.

놀이방법

1. 서로 번갈아가며 숫자 주머니 안에서 숫자를 하나씩 고른다.
2. 각각 3개의 숫자를 고르면 게임이 끝난다.
3. 고른 숫자 3개를 더해 15를 만들었거나 15와 가까운 숫자를 만든 사람이 이기게 된다.
4. 숫자 4개를 골라 21에 가까운 숫자를 만드는 게임도 있다.

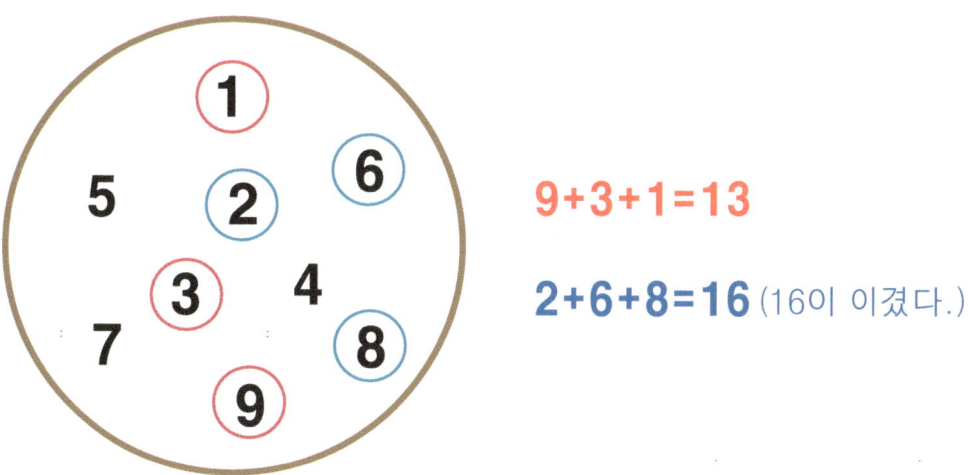

Tip

상대방이 15를 만드는 것을 막기 때문에 승리하기가 생각보다 어려운 게임이다. 숫자 4개를 더해 21을 만드는 것도 응용의 한 방법이다.

15 만들기

놀이진행

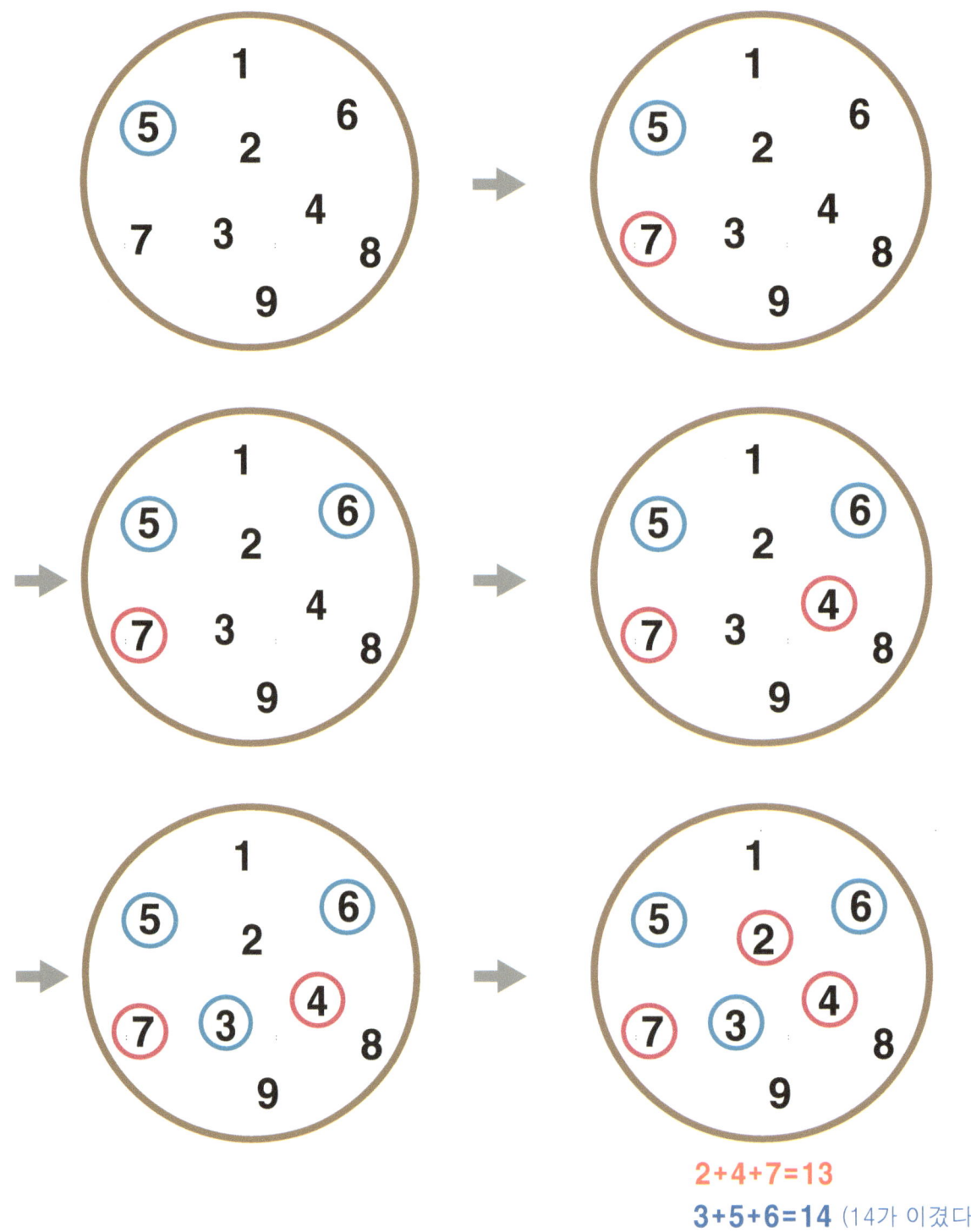

2+4+7=13
3+5+6=14 (14가 이겼다.)

15만들기(숫자 3개 고르기)

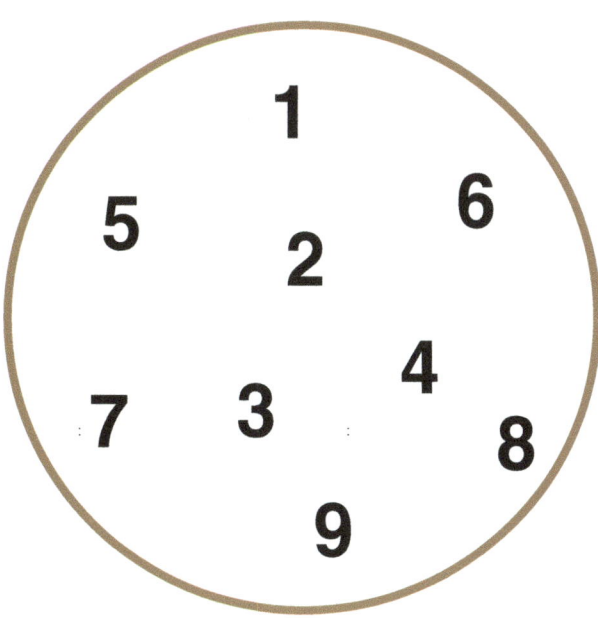

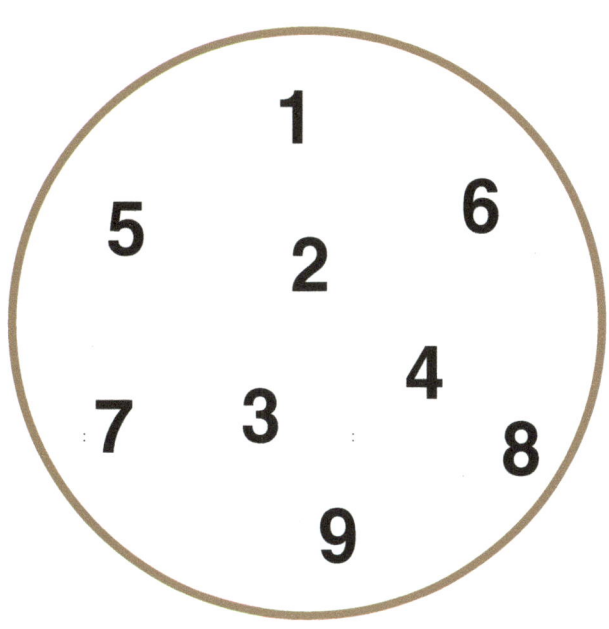

21만들기(숫자 4개 고르기)

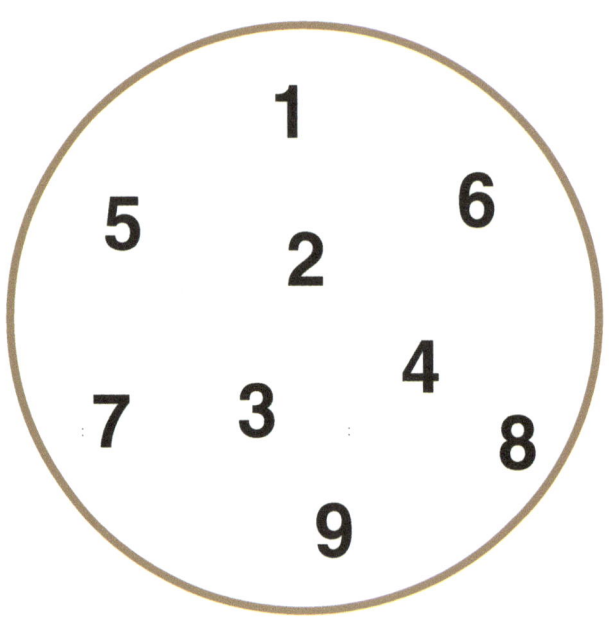

숨겨진 숫자 맞추기

놀이목표

놀이판의 임의의 숫자를 최소한의 횟수로 알아 맞추는 게임이다.

놀이방법

1. 순서를 정하여 한사람이 상대방이 볼 수 없도록 놀이판의 숫자 중 하나에 O표 한다.
2. 다른 사람은 숨겨진 숫자를 맞추기 위해 1에서 100까지의 숫자 중에서 떠오르는 숫자의 조건을 말한다.

> (질문의 예)
>
> 1. 50보다 큰 수 인가요?
> 2. 5의 배수인가요?
> 3. 짝수인가요?
> 4. 30보다 작은 수인가요? 등등 숫자를 맞춰야 하는 사람이 질문을 하고 숫자를 숨긴 사람은 예, 아니오로만 대답해 준다.

3. 몇번의 질문을 하여 숫자를 맞췄는지 기억을 하고 상대방과 바꿔서 같은 방법으로 숫자 맞추기를 하여 더 빨리 맞춘 사람이 이기게 된다.

Tip

오래전부터 내려오는 숫자놀이다.
수의 형식을 모르는 아동들은 배수, 짝수 등을 사용하지 않고
크다, 작다로만 질문을 하여 놀이할 수 있다.

숨겨진 숫자 맞추기

놀이진행

상대방이 볼 수 없도록 아래 놀이판의 숫자 중 하나에 O표 한다.

1	2	3	4	5	<u>6</u>	7	8	<u>9</u>	10
11	12	13	14	15	16	17	18	19	20
21	22	23	24	25	26	27	28	29	30
31	32	33	34	35	36	37	38	39	40
41	42	43	44	45	46	47	48	49	50
51	52	53	54	55	56	57	58	59	60
61	62	63	64	65	<u>66</u>	67	68	<u>69</u>	70
71	72	73	(74)	75	76	77	78	79	80
81	82	83	84	85	86	87	88	89	90
91	92	93	94	95	<u>96</u>	97	98	<u>99</u>	100

숨겨진 숫자 맞추기

놀이진행

상대방은 숫자를 숨긴 사람에게 질문을 하여 최대한 빨리 숫자를 맞춘다.

1. 50보다 큰 수인가요?   예.
2. 90보다 큰 수인가요?   아니오.

    50보다 크고 90보다 작은 수에서 다시 질문을 한다.

3. 70보다 큰 수인가요?   예
4. 80보다 큰 수인가요?   아니오.

    70보다 크고 80보다 작은 수에서 다시 질문을 한다. 숫자가 71-79까지 눈에 띄게 줄었다.

5. 75보다 큰 수인가요?   아니오.

    71, 72, 73, 74 모두 4개의 숫자로 좁아졌다. 이때 이 숫자들 중 하나를 바로 맞추어도 되고 다시 질문하여 맞춰도 된다. 운이 좋으면 바로 맞출 수도 있다.

6. 74인가요?   예.

    6번만에 숨겨진 숫자를 맞췄다. 놀이판을 상대방과 바꿔 같은 방법으로 놀이한다.

숨겨진 숫자 맞추기

1	2	3	4	5	<u>6</u>	7	8	<u>9</u>	10
11	12	13	14	15	16	17	18	19	20
21	22	23	24	25	26	27	28	29	30
31	32	33	34	35	36	37	38	39	40
41	42	43	44	45	46	47	48	49	50
51	52	53	54	55	56	57	58	59	60
61	62	63	64	65	<u>66</u>	67	68	<u>69</u>	70
71	72	73	74	75	76	77	78	79	80
81	82	83	84	85	86	87	88	89	90
91	92	93	94	95	<u>96</u>	97	98	<u>99</u>	100

소수 찾기

놀이목표

곱셈 연산의 큰 수를 지워 나가면서 소수를 찾아내는 게임이다.

놀이방법

1. 서로 번갈아가며 숫자가 써 있는 놀이판에서 곱셈을 해서 나온 수를 지워 나간다. 예를 들어 2X5=10이라고 큰 소리로 외치고 10에 X표를 하며 지운다.

1	2	3	4	5	6	7	8	9	10
11	12	13	14	15	16	17	18	19	20
21	22	23	24	25	26	27	28	29	30

"2X5=10"

2. 곱셈식에서 1X1, 2X1, 3X1, 4X1, 5X1……등등 1은 연산에서 제외한다.
3. 한 번에 한 개에서 세 개까지의 숫자를 지울 수 있다. 같은 수의 곱셈을 해서 나온 수도 가능하다. 예를 들면 2X2=4, 3X3=6 등등
4. 마지막 곱셈식의 답을 지우는 사람이 지는 게임이다.

Tip

마지막에 남아 있는 수가 소수들이다. 소수는 1과 자기 자신의 수 외에는 약수가 없는 수로 2, 3, 5, 7, 11, 13…47 등이다. 이 놀이는 소수를 알려주는 학습의 개념이 강하다. 원래 소수를 찾는 방법은 1을 제외하고 2에 동그라미 치고 2의 배수를 모두 지우고 3에 동그라미 치고 3의 배수를 모두 지우고… 이렇게 수의 순서대로 반복하면 동그라미 친 수가 소수다. 이와 같이 소수를 찾는 방법을 '에레토스 디니이즈의 체'라고 한다. 합성수가 남아 있는지 주의깊게 관찰해야 한다.

소수 찾기

놀이진행

"2X5=10, 3X5=15, 4X4=16"

"3X3=9, 3X4=12"

"2X2=4, 4X5=20"

"3X2=6"

"7X2=14"

"4X2=8"

"2X9=18"

소수인 2, 3, 7, 11, 13, 17, 19가 남았다.
소수는 1과 자기 자신외에는 약수가 없다.
결국 빨간색이 마지막 수를 차지해서 졌다.

소수 찾기.1

1	2	3	4	5	6	7	8	9	10
11	12	13	14	15	16	17	18	19	20
21	22	23	24	25	26	27	28	29	30

소수 찾기.2

1	2	3	4	5	6	7	8	9	10
11	12	13	14	15	16	17	18	19	20
21	22	23	24	25	26	27	28	29	30
31	32	33	34	35	36	37	38	39	40
41	42	43	44	45	46	47	48	49	50

소수 찾기.3

1	2	3	4	5	<u>6</u>	7	8	<u>9</u>	10
11	12	13	14	15	16	17	18	19	20
21	22	23	24	25	26	27	28	29	30
31	32	33	34	35	36	37	38	39	40
41	42	43	44	45	46	47	48	49	50
51	52	53	54	55	56	57	58	59	60
61	62	63	64	65	<u>66</u>	67	68	<u>69</u>	70
71	72	73	74	75	76	77	78	79	80
81	82	83	84	85	86	87	88	89	90
91	92	93	94	95	<u>96</u>	97	98	<u>99</u>	100

10 만들기

놀이목표

놀이판의 숫자를 더해서 10을 만드는 게임이다.

놀이방법

1. 서로 번갈아가며 놀이판의 숫자 중 더해서 10되는 수 2개, 또는 3개를 고른다.
2. 고른 숫자를 O표 한다.
3. 더이상 10을 만들 수 없는 사람이 지게 된다.

숫자관찰

숫자는 모두 14가지이며 이 숫자들을 다 더하면 60이 된다.

1   2   3   1   2   3

4   5   4   5

6   7   8   9

Tip

10을 만들 수 있는 두 수나 세 수는 한눈에 들어온다.
이 게임은 상대방이 10을 만들지 못하도록 필요한 숫자를 먼저 없애는 것이 전략이다.
보통 네번 또는 다섯번만에 승부가 결정되므로 전략을 잘 짜야 한다.
단순한 것 같지만 집중력과 계산력이 필요한 게임이다.

10 만들기

놀이진행

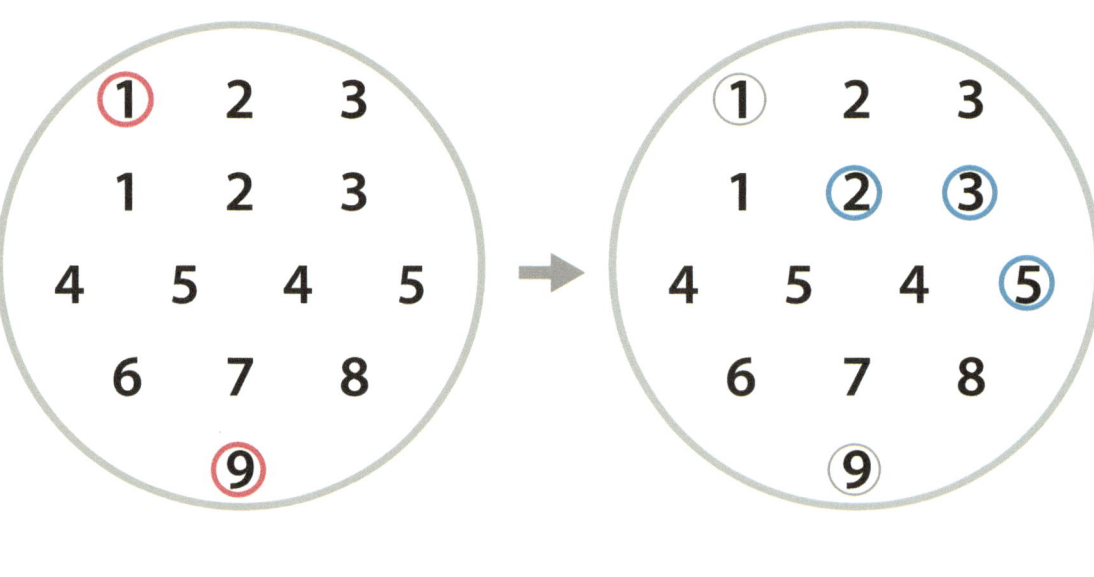

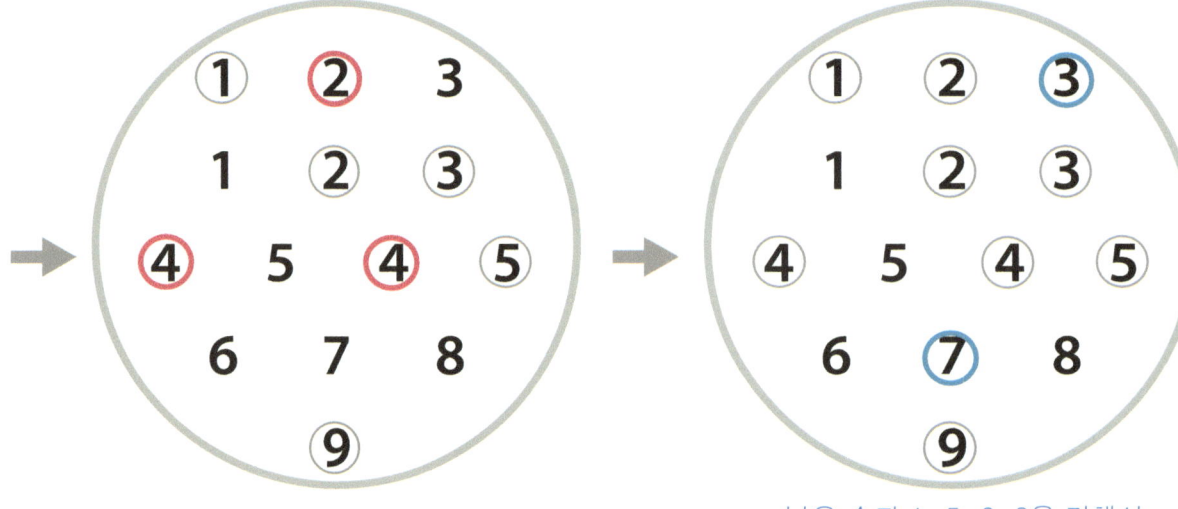

남은 숫자 1, 5, 6, 8을 더해서 10을 만들 수 없기 때문에 게임이 끝났다.

10 만들기

놀이진행

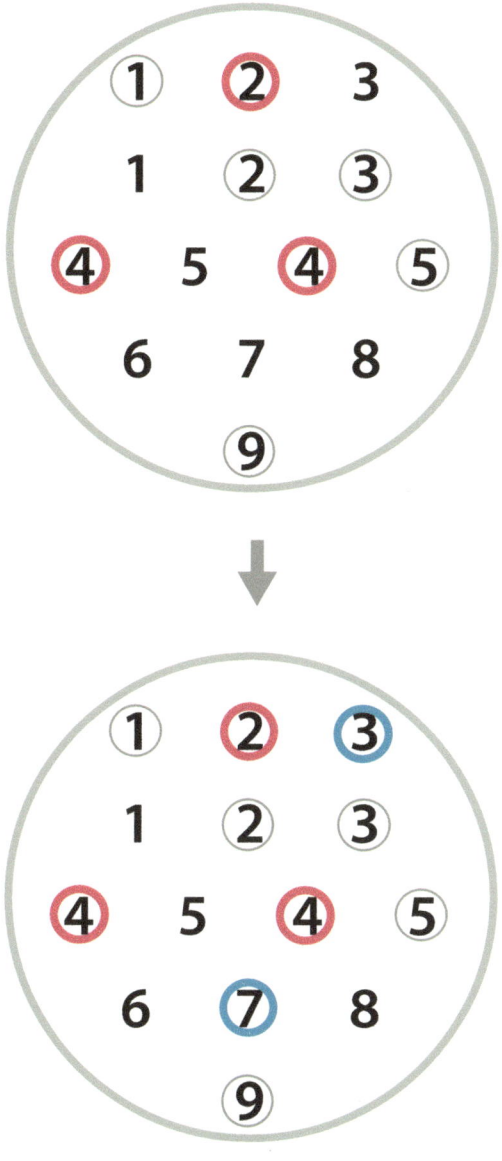

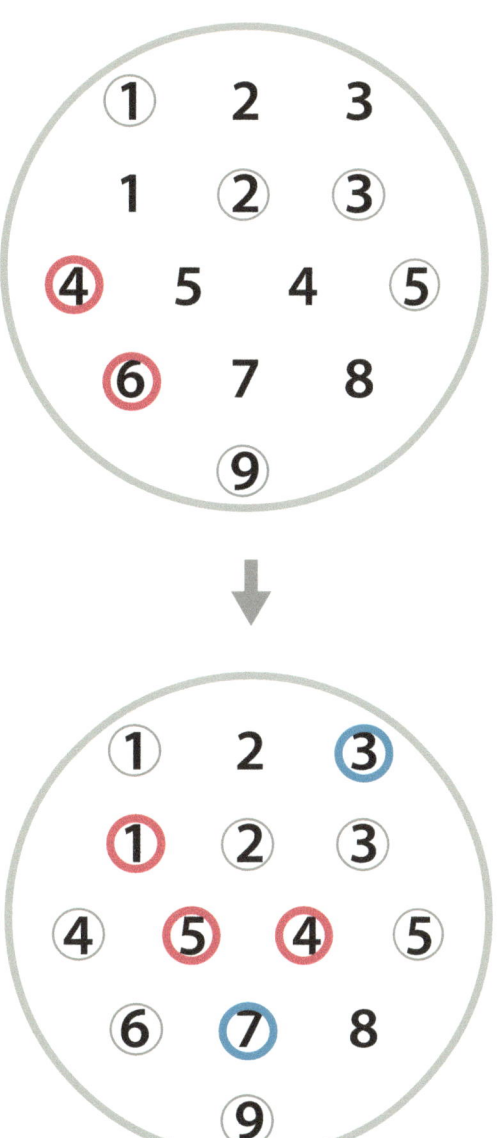

4,4,2를 묶게 되면
7+3 이외에 더이상 10을
만들 수 없기 때문에 빨간색이 진다.

4, 4, 2를 묶지 않고 4, 6을 묶게 되면
7+3과 1+4+5 두 번의 10만들기 기회가 생겨
빨간색이 이기게 된다.

10 만들기

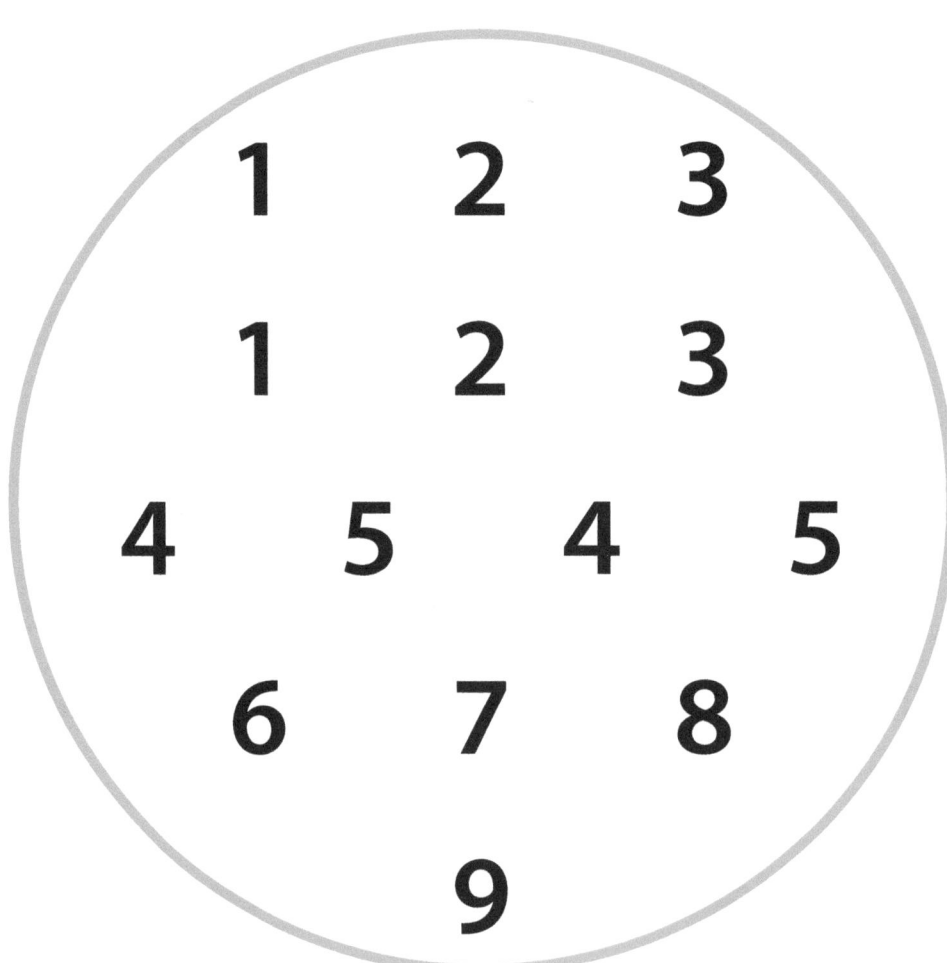

세 수의 합

놀이목표

세 수의 합의 끝자리(일의 자리)가 1이 되도록 하는 게임이다.

놀이방법

1. 서로 번갈아가며 더해서 끝자리가 1이 되는 세 수를 골라 지운다. 이때 1, 11, 21....등 끝의 자리가 1이 되면 된다.

$$0+0+1=1$$

$$3+4+4=11$$

$$7+7+7=21$$

$$3+9+9=21$$

2. 더이상 세 수를 더해 1을 만들 수 없는 사람이 지게 되고 게임이 끝난다.

Tip

단순한 연산게임에 님게임의 속성이 추가된 연산 보드게임이다. 어린 학생들에게 놀이를 통한 연산을 통해 덧셈의 흥미를 유발할 수 있다.

세 수의 합

놀이진행

3+3+5=11

0 1 2 ③ 4 ⑤ 6 7 8 9

0 1 2 ③ 4 5 6 7 8 9

0 1 2 3 4 5 6 7 8 9

→

1 + 1 + 9 = 11

0 ① 2 ③ 4 ⑤ 6 7 8 9

0 ① 2 ③ 4 5 6 7 8 ⑨

0 1 2 3 4 5 6 7 8 9

7+7+7=21

0 ① 2 ③ 4 ⑤ 6 ⑦ 8 9

0 ① 2 ③ 4 5 6 ⑦ 8 ⑨

0 1 2 3 4 5 6 ⑦ 8 9

→

0 + 0 + 1 = 1

⓪ ① 2 ③ 4 ⑤ 6 ⑦ 8 9

⓪ ① 2 ③ 4 5 6 ⑦ 8 ⑨

0 ① 2 3 4 5 6 ⑦ 8 9

2+4+5=11

⓪ ① ② ③ ④ ⑤ 6 ⑦ 8 9

⓪ ① 2 ③ 4 ⑤ 6 ⑦ 8 ⑨

0 ① 2 3 4 5 6 ⑦ 8 9

→

4 + 8 + 9 = 21

⓪ ① ② ③ ④ ⑤ 6 ⑦ ⑧ ⑨

⓪ ① 2 ③ ④ ⑤ 6 ⑦ 8 ⑨

0 ① 2 3 4 5 6 ⑦ 8 9

세 수의 합

놀이진행

2+3+6=11

5+8+8=21

→

0+2+9=11

남은 숫자를 더해서 더이상 끝자리가 1이 되도록
만들 수 없어 게임이 끝났다.

세 수의 합.1

0   1   2   3   4   5   6   7   8   9

0   1   2   3   4   5   6   7   8   9

세 수의 합.2

0   1   2   3   4   5   6   7   8   9

0   1   2   3   4   5   6   7   8   9

0   1   2   3   4   5   6   7   8   9

3의 배수로 삼각형 만들기

놀이목표

3의 배수를 찾아 삼각형을 그리는 게임이다.

놀이방법

1. 서로 번갈아가며 3의 배수를 골라 삼각형을 만든다.
2. 더이상 삼각형을 만들 수 없으면 지게 된다.

놀이규칙

1. 숫자와 숫자 사이를 지나쳐서 선을 연결할 수 없다.

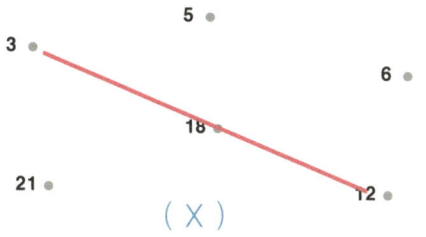
(X)

2. 숫자를 중복 사용할 수 없다.

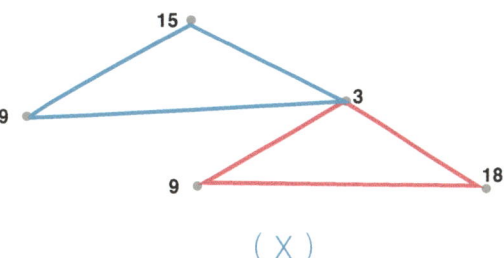
(X)

3. 삼각형 안에 숫자가 있어서는 안된다.

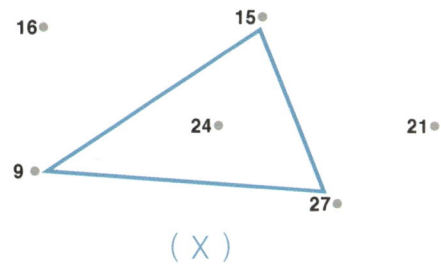
(X)

Tip

일종의 3의 배수에 관한 학습 보드게임이다.

3의 배수로 삼각형 만들기

놀이진행.1

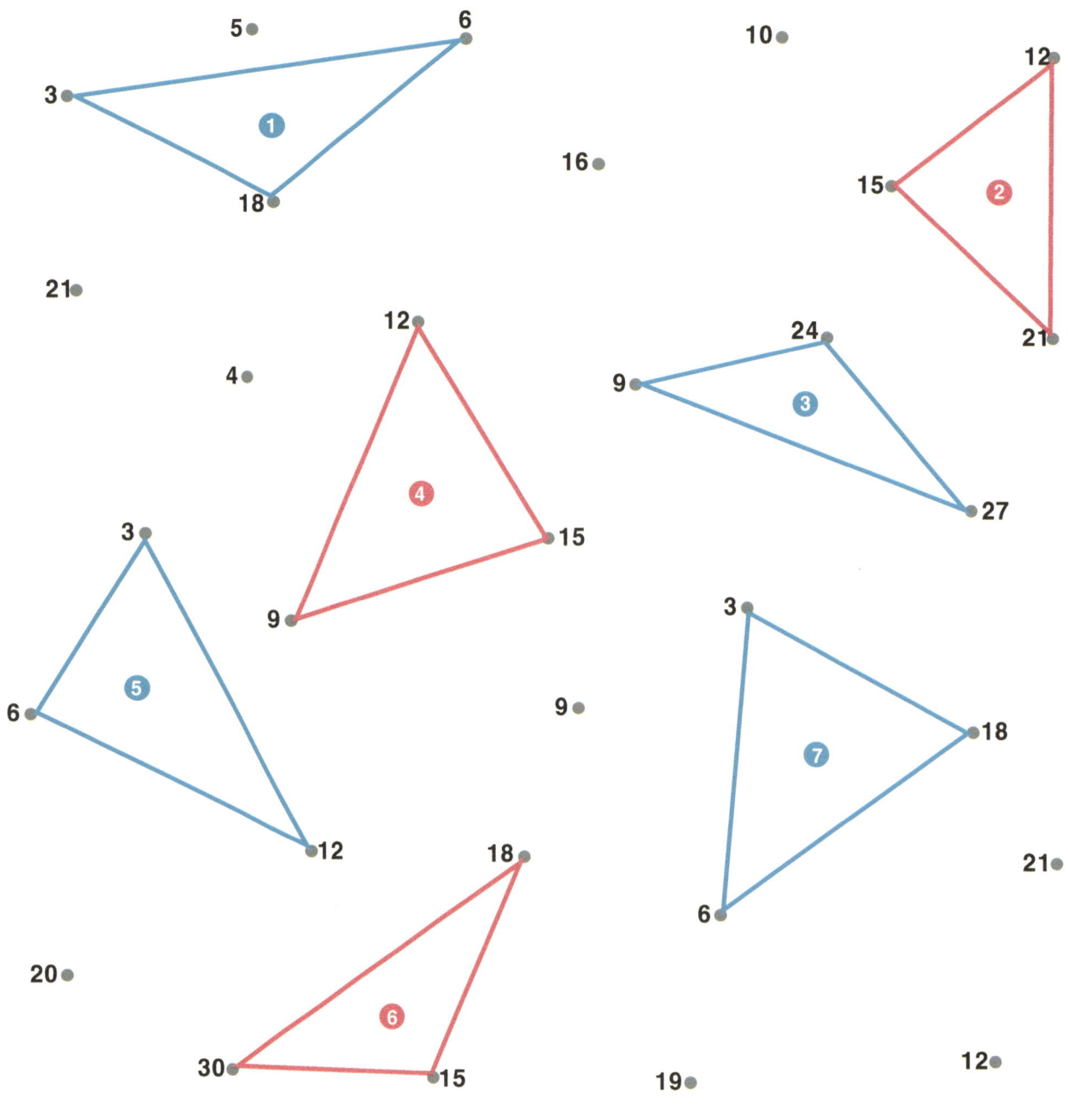

빨간색 차례에 점은 여러 개 남았지만 더이상 삼각형을 그릴 수 없어 게임이 끝났다.

3의 배수로 삼각형 만들기

놀이진행.2

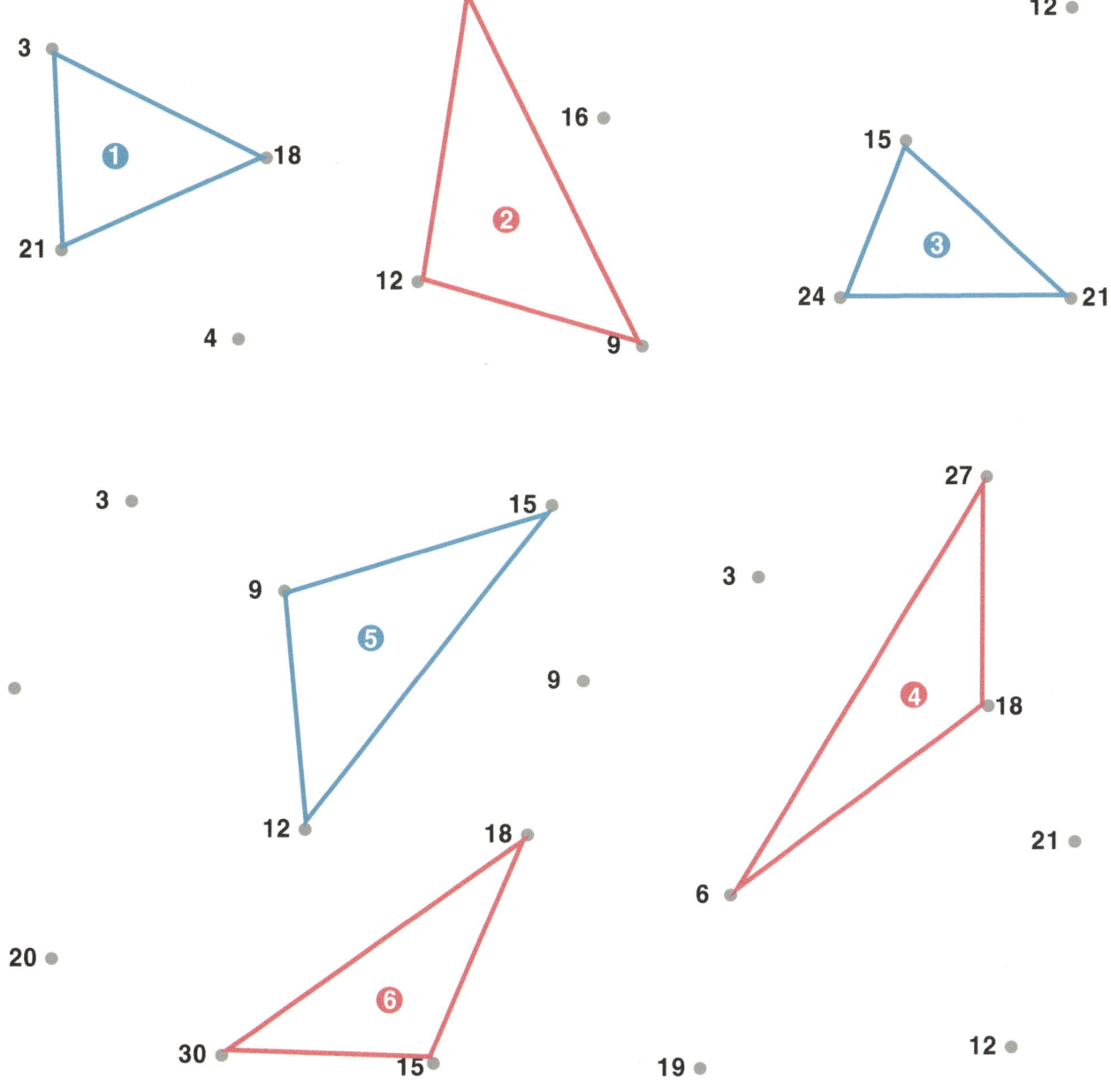

파란색 차례에 점은 여러 개 남았지만 더이상 삼각형을 그릴 수 없어 게임이 끝났다.
3의 배수의 위치를 선택하는 것에 따라 삼각형의 수가 변한다.

3의 배수로 삼각형 만들기

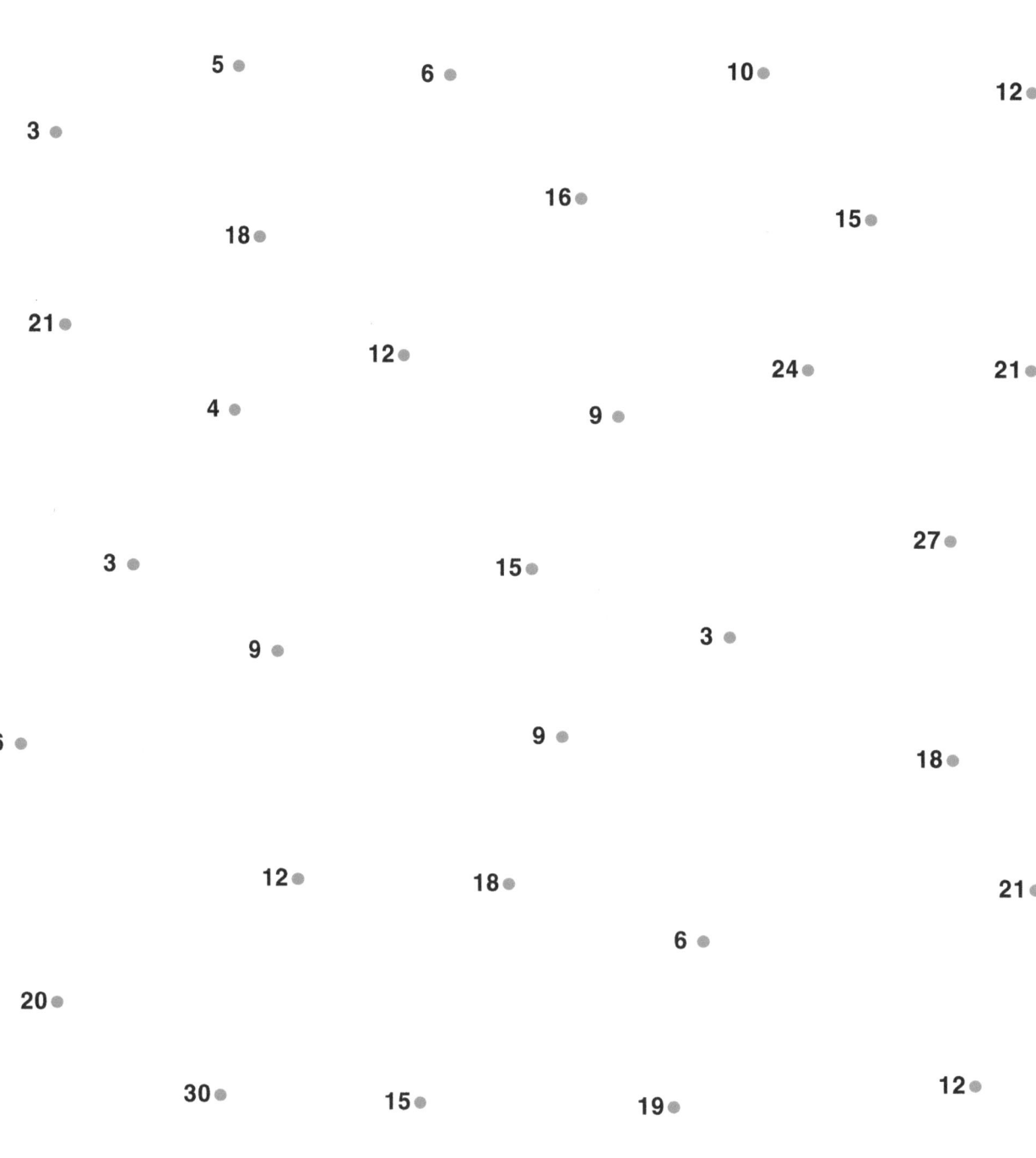

더해서 큰 수 만들기

놀이목표

10개의 수를 더했을 때 합이 크도록 숫자를 고르는 게임이다.

놀이방법

1. 양쪽 모서리에서 각각 출발한다.

2. 서로 번갈아가며 더했을 때 합이 최대한 클 수 있도록 10개의 숫자를 이어서 고른다.

3. 서로 10개의 숫자를 더했을 때 합이 큰 사람이 이기는 게임이다.

4. 4명이 놀이할 때는 네 개의 모서리에서 출발한다.

놀이판 관찰

3	8	3	10	1	9	2	9	3
7	3	8	6	8	6	9	4	6
4	9	5	8	3	8	5	10	1
8	1	8	3	5	3	7	8	6
4	10	5	8	3	8	10	5	3
7	3	8	6	6	5	8	2	8
3	9	2	10	1	10	3	9	3

Tip

큰 수와 작은 수가 불규칙하게 섞여 있기 때문에 연달아 큰수만 고르는게 쉽지 않다. 일종의 랜덤 게임이라고 할 수 있다.
게임이 반복되면 큰 수를 만들 확률이 높아진다.
수의 개수를 12개나 15개로 늘려가면 더 어려운 게임이 된다.

더해서 큰 수 만들기

놀이진행

3	8	3	10	1	9	2	9	3
7	3	8	6	8	6	9	4	6
4	9	5	8	3	8	5	10	1
8	1	8	3	5	3	7	8	6
4	10	5	8	3	8	10	5	3
7	3	8	6	6	5	8	2	8
3	9	2	10	1	10	3	9	3

3+8+3+10+6+8+6+9+5+10=68

3+9+3+10+5+8+10+8+3+8=67

빨간색이 1점 높아 이겼다.

더해서 큰 수 만들기

놀이진행

3	8	3	10	1	9	2	9	3
7	3	8	6	8	6	9	4	6
4	9	5	8	3	8	5	10	1
8	1	8	3	5	3	7	8	6
4	10	5	8	3	8	10	5	3
7	3	8	6	6	5	8	2	8
3	9	2	10	1	10	3	9	3

3+8+3+10+6+8+6+9+5+10=68

3+9+3+10+5+8+10+5+8+7=68

위와같이 파란색이 회색 동그라미쪽이 아닌 반대쪽으로 간다면 합이 68이 되어 비긴다.

더해서 큰 수 만들기

3	8	3	10	1	9	2	9	3
7	3	8	6	8	6	9	4	6
4	9	5	8	3	8	5	10	1
8	1	8	3	5	3	7	8	6
4	10	5	8	3	8	10	5	3
7	3	8	6	6	5	8	2	8
3	9	2	10	1	10	3	9	3

숫자 찾기

놀이목표

각 묶음마다 공통된 숫자가 하나씩만 포함되도록 숫자를 쓰는 게임이다.

놀이방법

1. 각 동그라미 안의 주어진 숫자들끼리 공통된 숫자가 하나씩만 같도록 빈 동그라미에 알맞은 숫자를 쓴다.

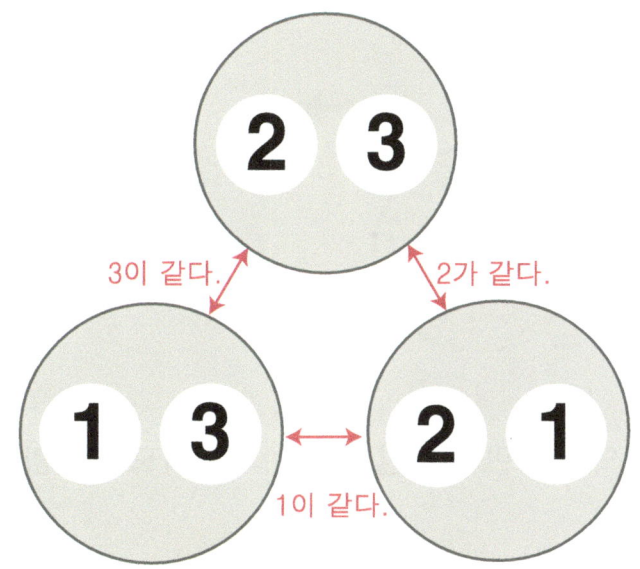

2. 뒷면의 해답과 맞춰 본다.
3. 숫자를 많이 쓰는 사람, 또는 먼저 쓴 사람이 이긴다.
4. 틀린 숫자를 쓰면 지게 된다.

Tip

숫자가 늘어날수록 고도의 집중력과 분석력이 필요한 게임이다.

숫자 찾기

놀이규칙

1. 각 묶음끼리는 공통된 숫자가 반드시 하나씩 포함되야 한다.

예) **0 2 4**   각 동그라미 안에는 숫자가 두개씩 들어갑니다.

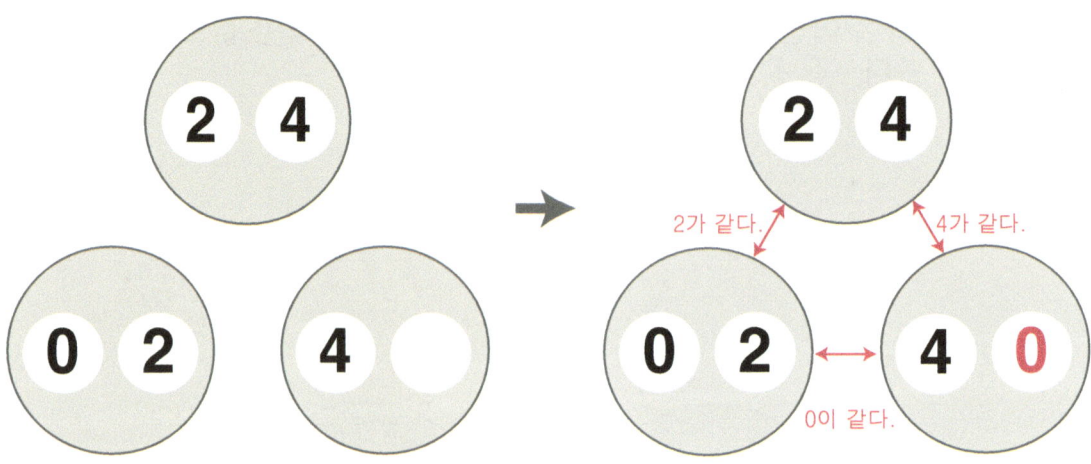

2. 동그라미 안의 숫자의 조합만 같으면 위치는 바뀌어도 상관없다.

예) **0 2 4**

숫자 찾기

놀이진행 각 동그라미 안에는 숫자가 두 개씩 들어갑니다. 각 묶음끼리 공통된 숫자가 반드시 하나씩 포함되도록 알맞은 숫자를 쓰시오.

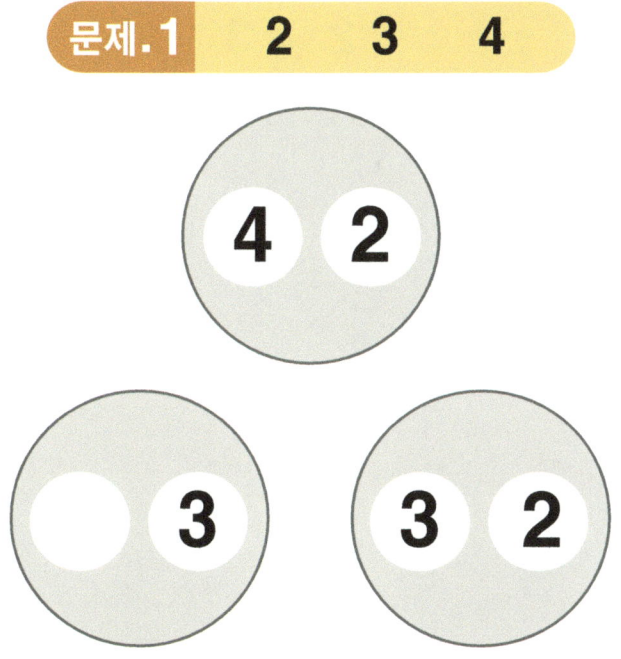

숫자 찾기

놀이진행 **해답** 각 동그라미 안에는 숫자가 두 개씩 들어갑니다. 각 묶음끼리 공통된 숫자가 반드시 하나씩 포함되도록 알맞은 숫자를 쓰시오.

문제.1   2   3   4

문제.2   4   6   8

숫자 찾기

놀이진행 각 동그라미 안에는 숫자가 두 개씩 들어갑니다. 각 묶음끼리 공통된 숫자가 반드시 하나씩 포함되도록 알맞은 숫자를 쓰시오.

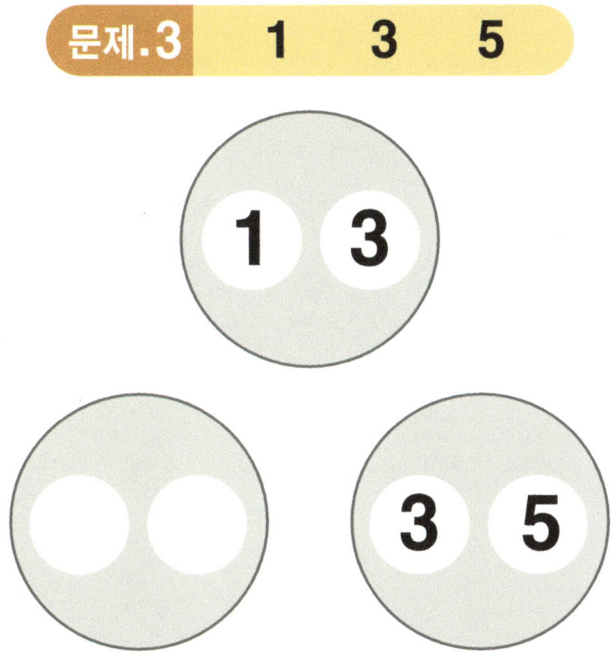

문제.3   1   3   5

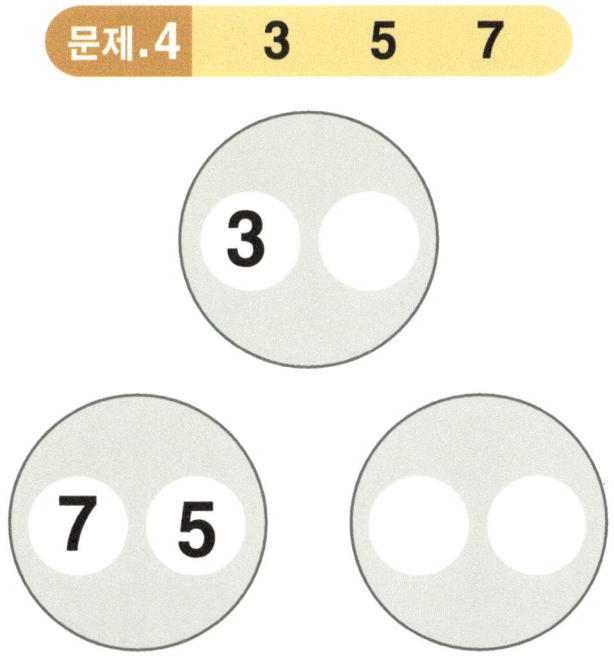

문제.4   3   5   7

숫자 찾기

놀이진행 **해답** 각 동그라미 안에는 숫자가 두 개씩 들어갑니다. 각 묶음끼리 공통된 숫자가 반드시 하나씩 포함되도록 알맞은 숫자를 쓰시오.

문제.3   1   3   5

문제.4   3   5   7

숫자 찾기

놀이진행 각 동그라미 안에는 숫자가 세 개씩 들어갑니다. 각 묶음끼리 공통된 숫자가 반드시 하나씩 포함되도록 알맞은 숫자를 쓰시오.

문제.5   1 2 3 4 5 6 7

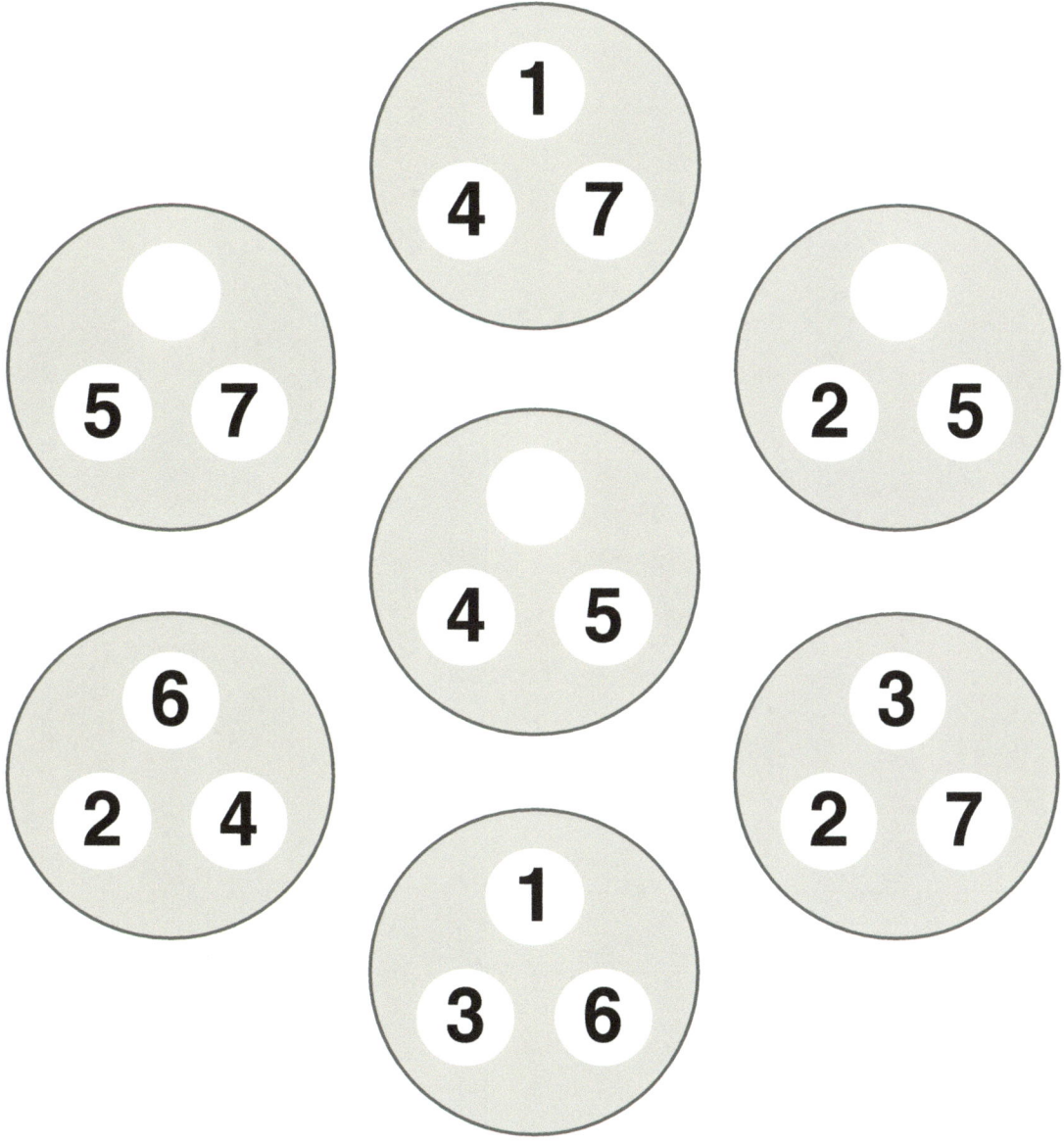

숫자 찾기

놀이진행 **해답** 각 동그라미 안에는 숫자가 세 개씩 들어갑니다. 각 묶음끼리 공통된 숫자가 반드시 하나씩 포함되도록 알맞은 숫자를 쓰시오.

문제.5 1 2 3 4 5 6 7

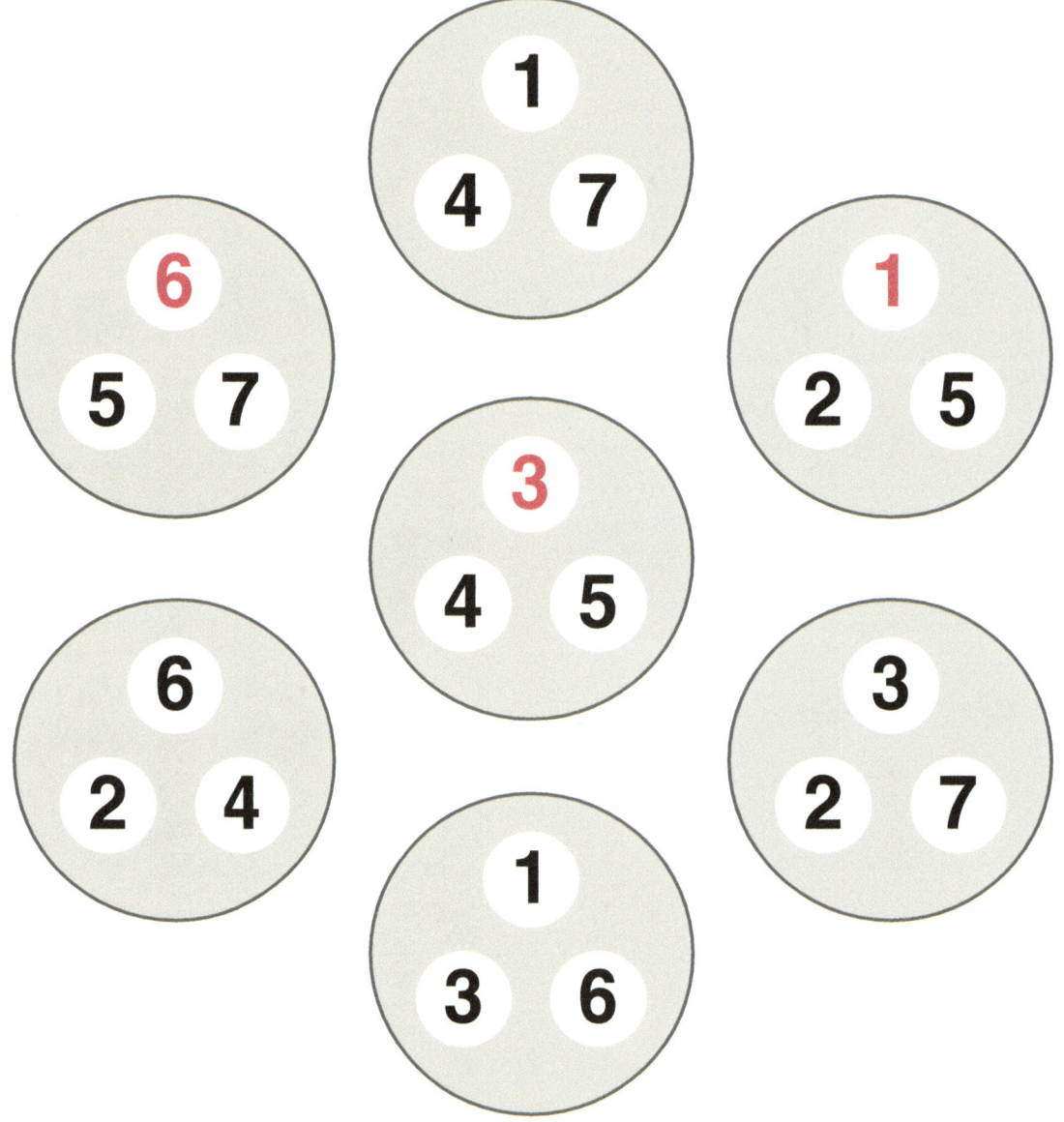

숫자 찾기

놀이진행 각 동그라미 안에는 숫자가 세 개씩 들어갑니다. 각 묶음끼리 공통된 숫자가 반드시 하나씩 포함되도록 알맞은 숫자를 쓰시오.

문제.6 1 2 3 4 5 6 7

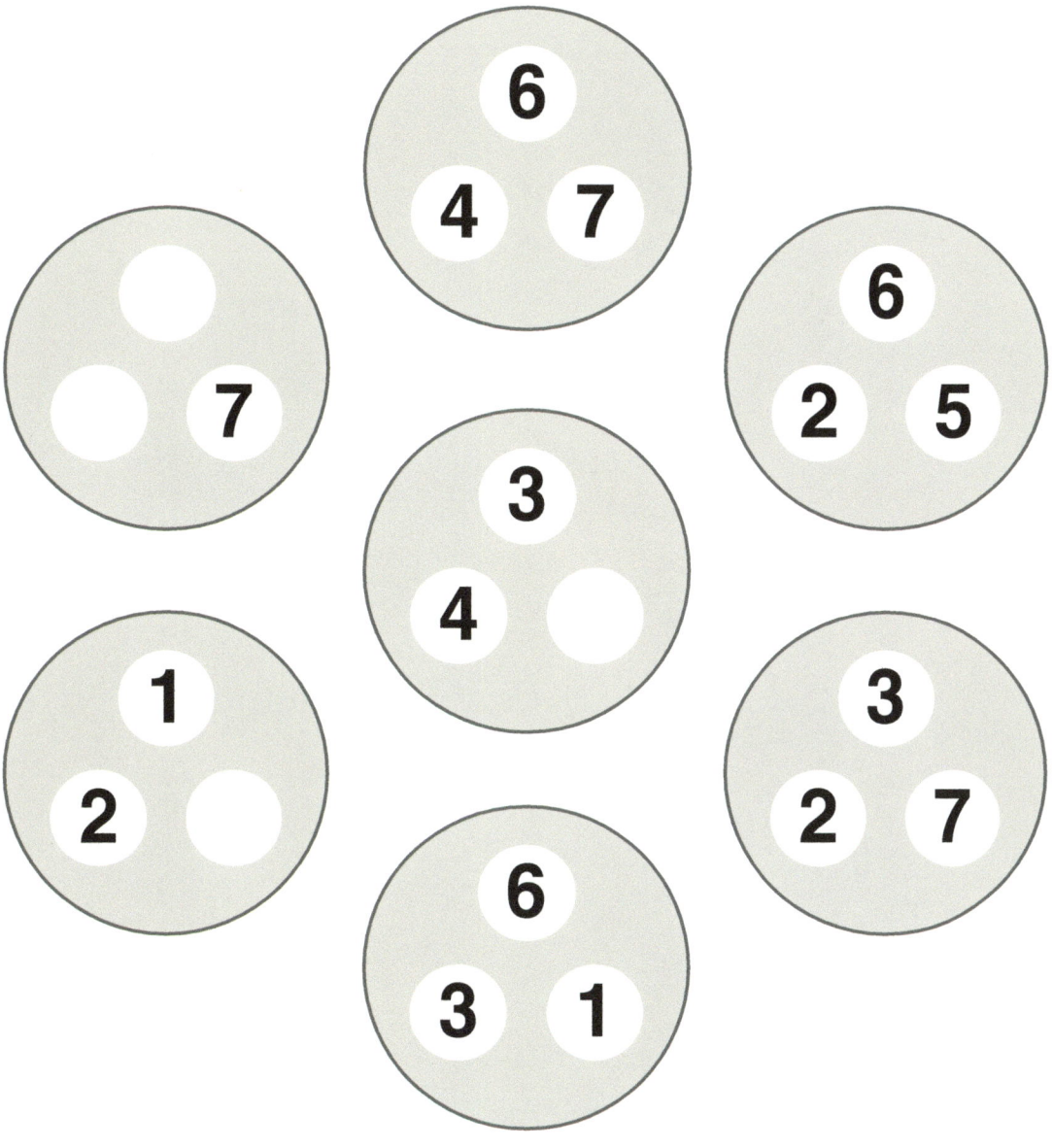

숫자 찾기

놀이진행 **해답** 각 동그라미 안에는 숫자가 세 개씩 들어갑니다. 각 묶음끼리 공통된 숫자가 반드시 하나씩 포함되도록 알맞은 숫자를 쓰시오.

문제.6 1 2 3 4 5 6 7

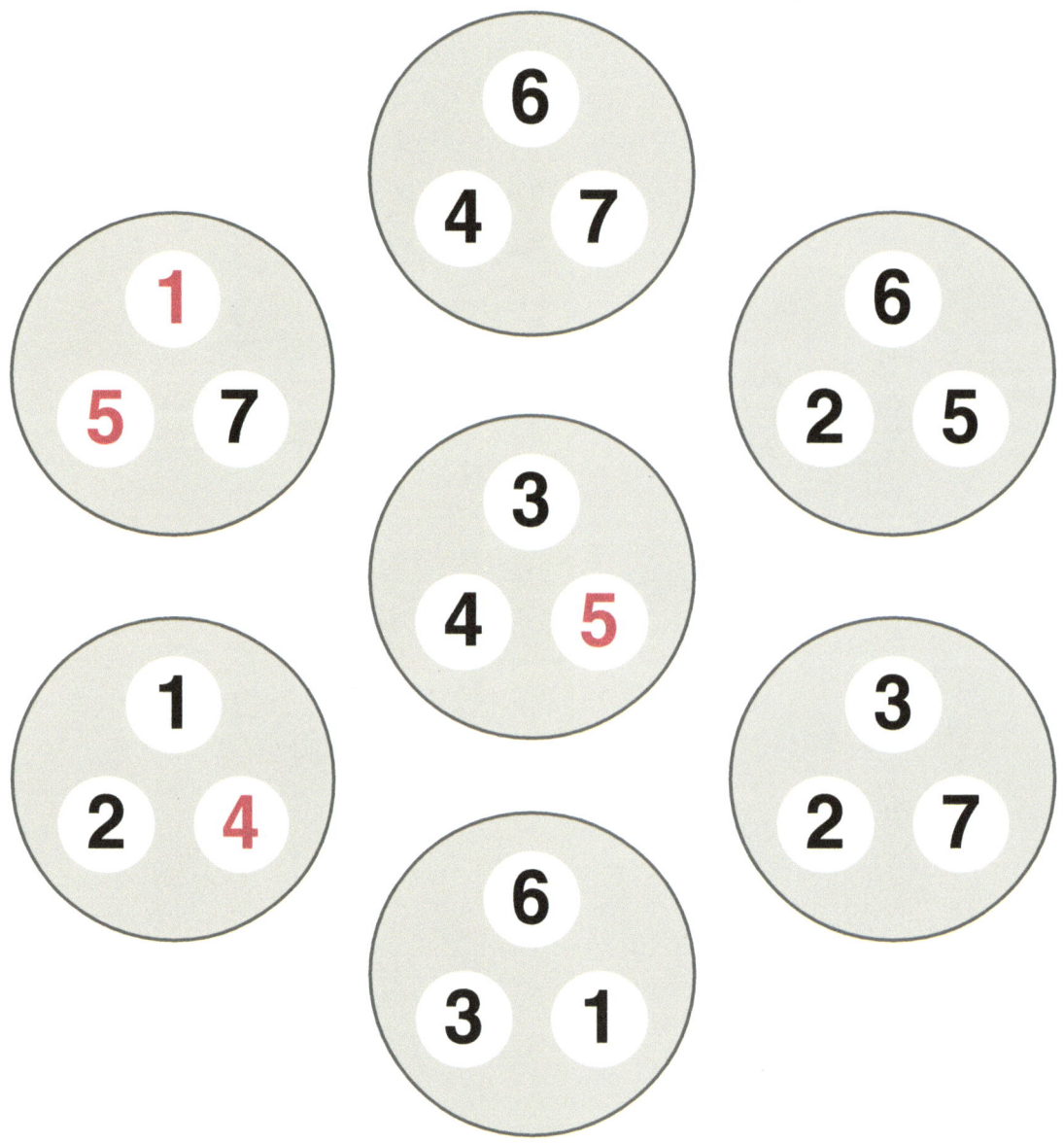

숫자 찾기

놀이진행 각 동그라미 안에는 숫자가 세 개씩 들어갑니다. 각 묶음끼리 공통된 숫자가 반드시 하나씩 포함되도록 알맞은 숫자를 쓰시오.

문제.7 1 2 3 4 5 6 7

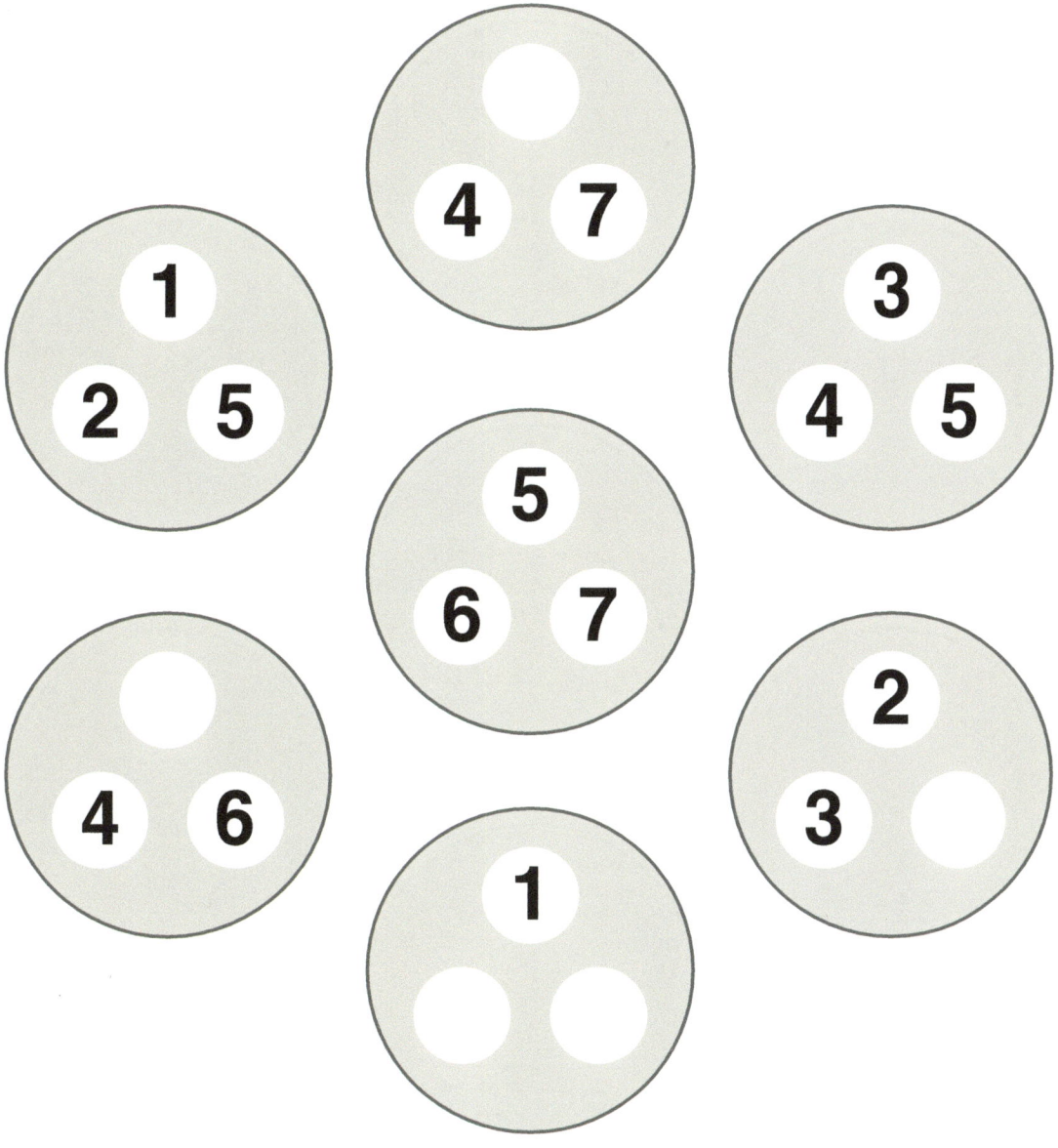

숫자 찾기

놀이진행 **해답** 각 동그라미 안에는 숫자가 세 개씩 들어갑니다. 각 묶음끼리 공통 숫자가 반드시 하나씩 포함되도록 알맞은 숫자를 쓰시오.

문제.7 1 2 3 4 5 6 7

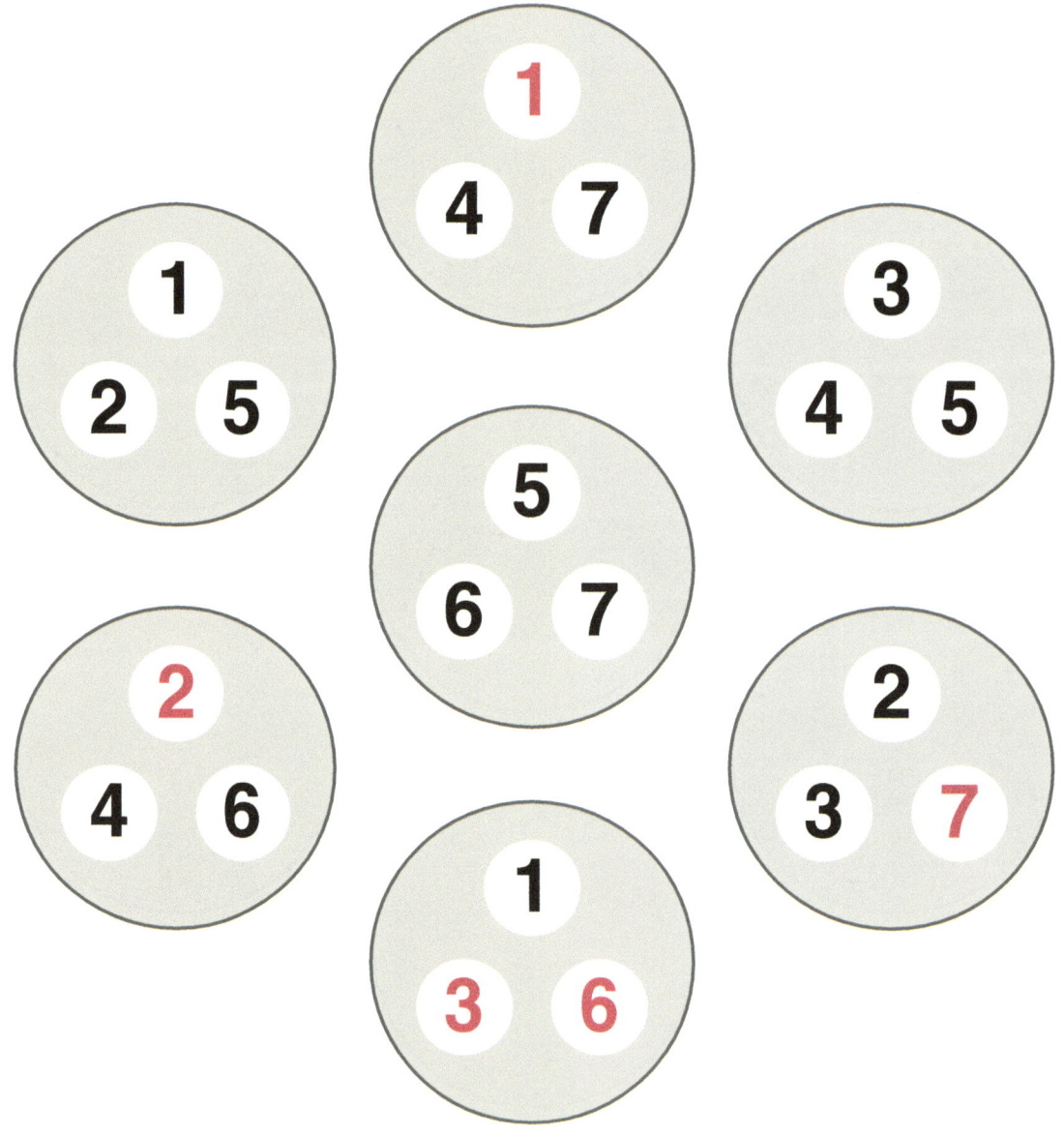

숫자 찾기

놀이진행 각 동그라미 안에는 숫자가 세 개씩 들어갑니다. 각 묶음끼리 공통된 숫자가 반드시 하나씩 포함되도록 알맞은 숫자를 쓰시오.

문제.8 1 2 3 4 5 6 7

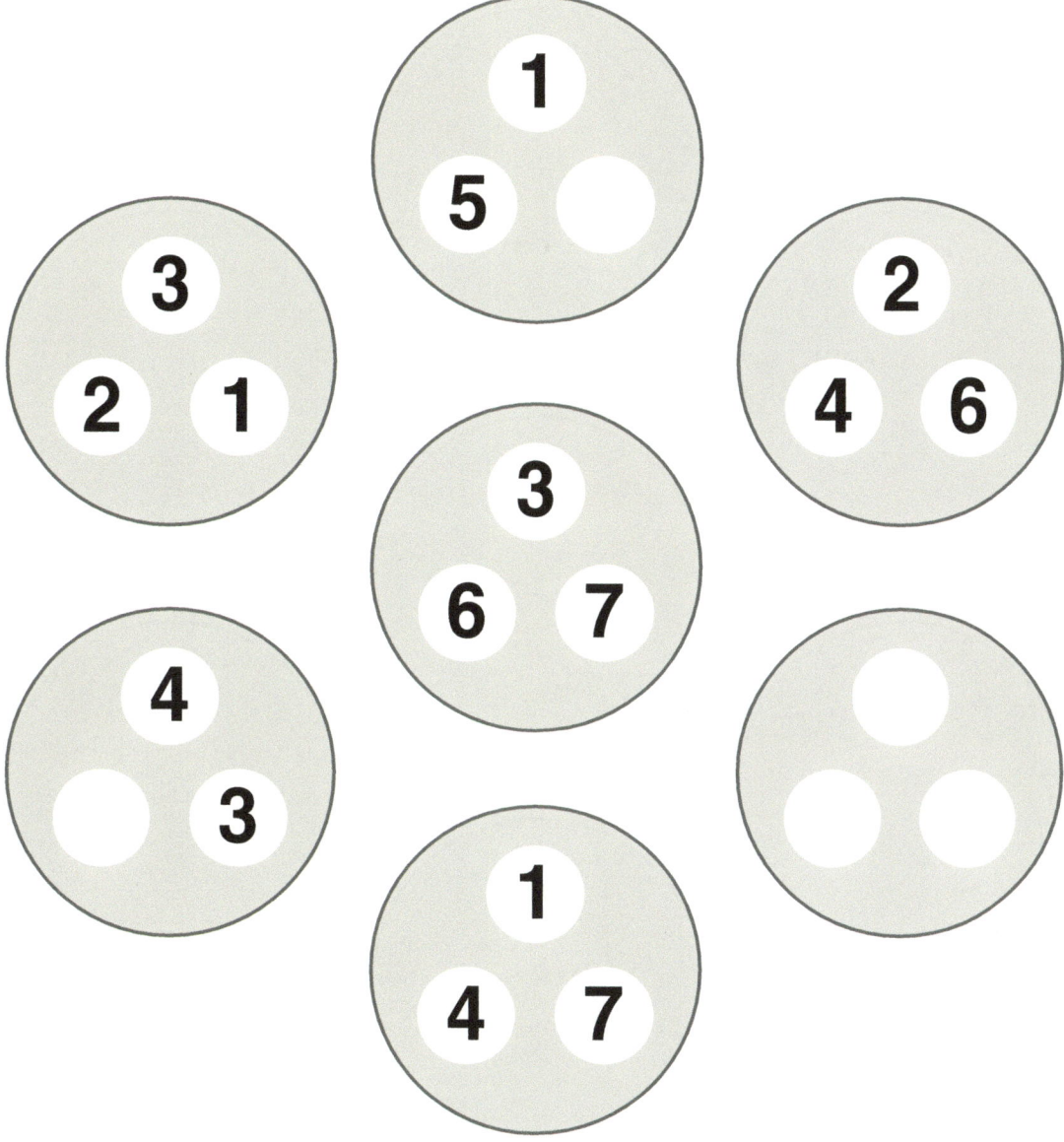

숫자 찾기

놀이진행 **해답** 각 동그라미 안에는 숫자가 세 개씩 들어갑니다. 각 묶음끼리 공통된 숫자가 반드시 하나씩 포함되도록 알맞은 숫자를 쓰시오.

문제.8 1 2 3 4 5 6 7

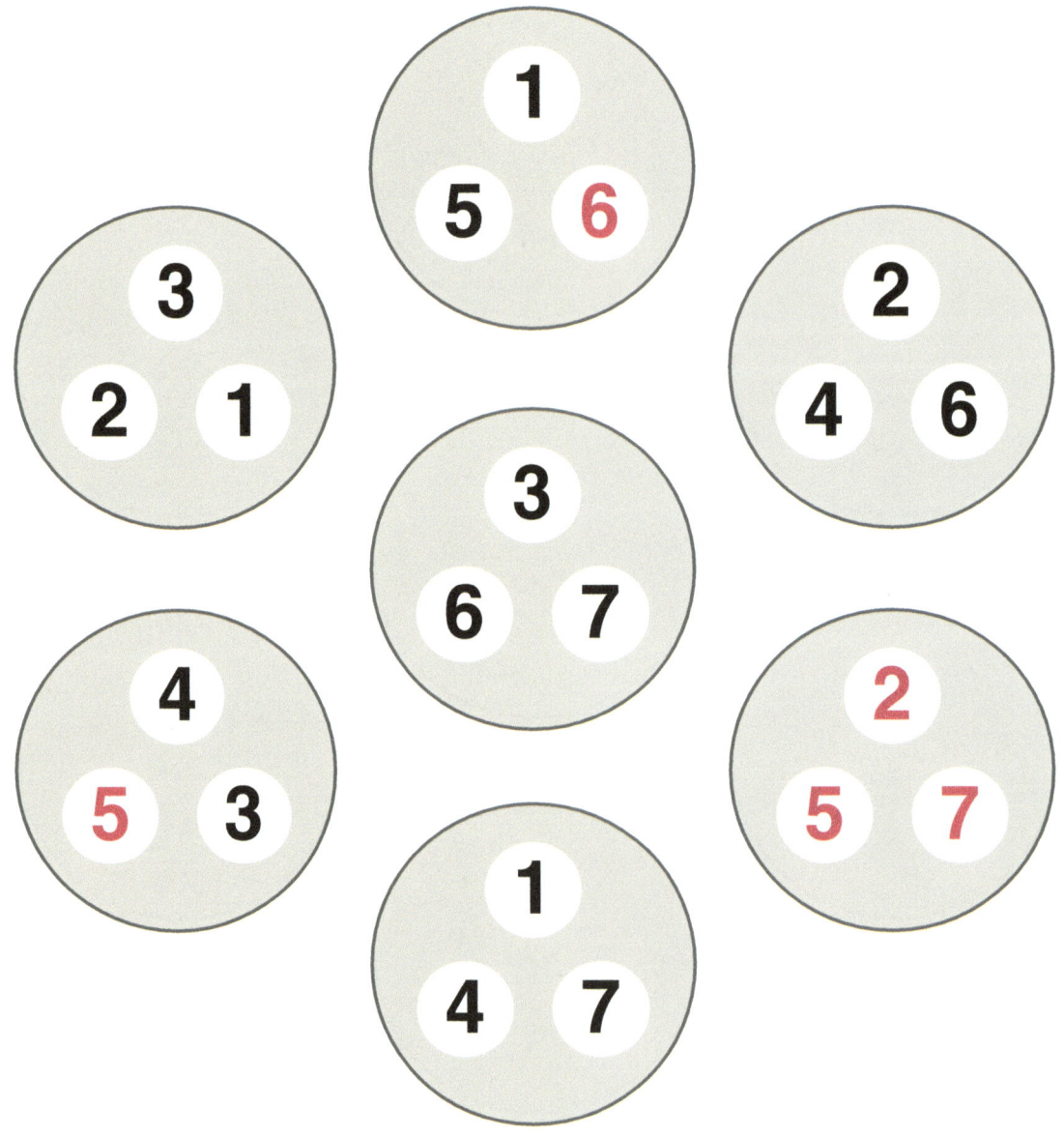

스도쿠 함정 만들기

놀이목표

스도쿠 규칙에 어긋나게 숫자를 배열하는 게임이다.

놀이방법

1. 스도쿠 규칙을 이해한다. 여기서는 가로, 세로에만 같은 숫자가 없는 규칙을 적용한다.
2. 서로 번갈아가며 놀이판에 스도쿠 규칙에 맞게 1부터 4까지 순서대로 숫자를 쓴다.

1	2	3	4
2	1	4	3
4	3	1	2
3	4	2	1

3. 스도쿠 규칙에 맞게 숫자를 쓰면서 상대방이 수를 더이상 쓸 수 없도록 한다.
4. 스도쿠 규칙에 맞게 더이상 숫자를 쓰지 못하는 사람이 지게 된다.

Tip

스도쿠는 전세계적으로 알려진 혼자서 하는 두뇌회전 게임이다.
이 게임을 둘이 하는 보드게임으로 변형한 것이다.
규칙은 같고 상대방이 수를 채울 수 없도록 하는 것이 목적이다.
3X3 놀이판에서도 가능하지만 4X4이상에서 하기를 권한다.

스도쿠 함정 만들기

놀이규칙

모든 가로줄, 세로줄에는 1,2,3,4가 하나씩 들어가야 합니다.

1	2	3	4
3	4	1	2
4	1	2	3
2	3	4	1

(◯)

1	2	3	4
3	4	1	2
4	3	4	1
2	1	3	4

(✕)

같은 줄에 같은 숫자가 있으면 안된다.

1	2	3	4
3	4	1	2
4	3	4	1
2	1	3	4

(✕)

같은 줄에 같은 숫자가 있으면 안된다.

스도쿠 함정 만들기

놀이진행

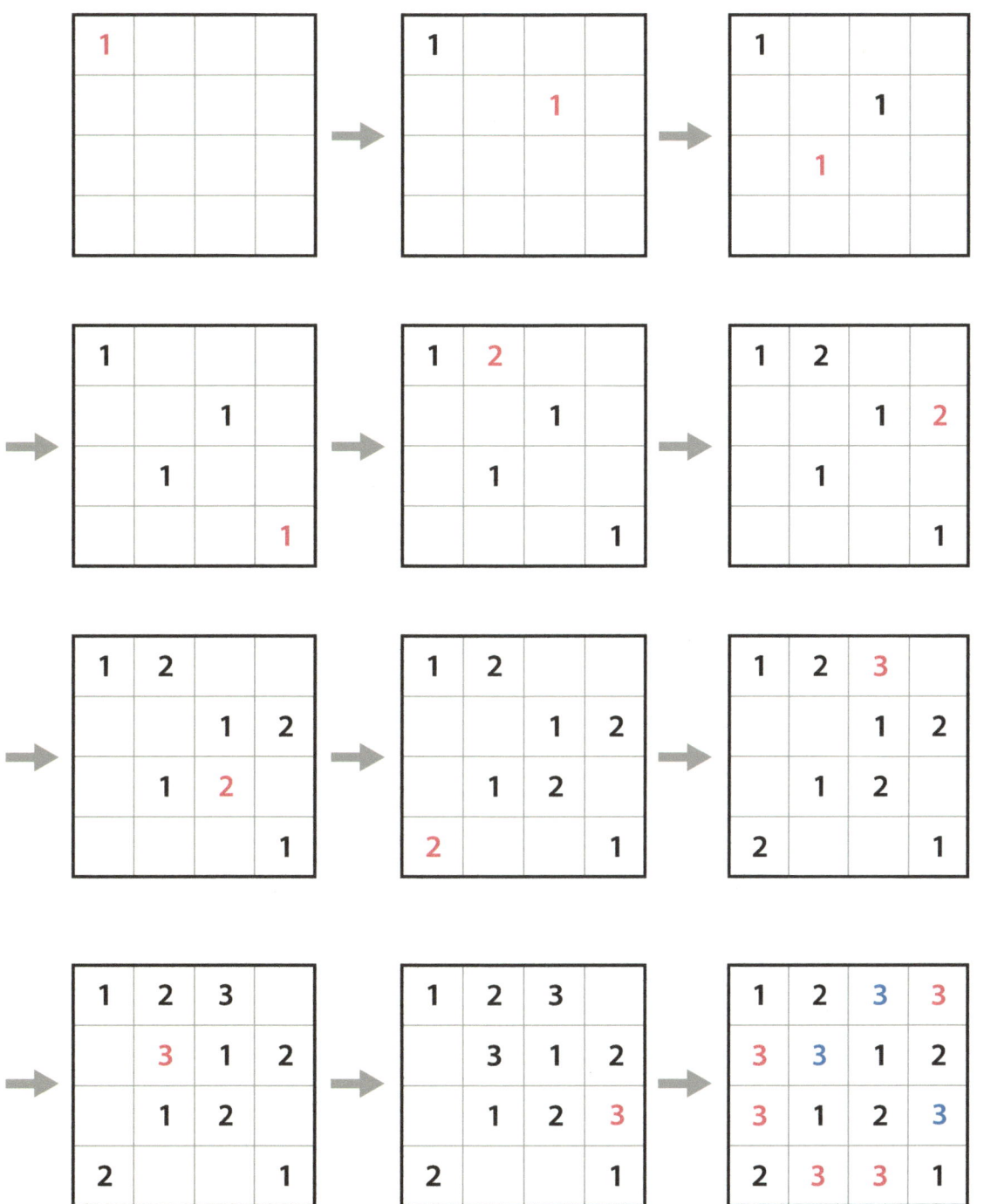

빈곳 어느 곳에 3을 넣어도 가로 세로 모두 3이 중복되어 지게 된다.

스도쿠 함정 만들기

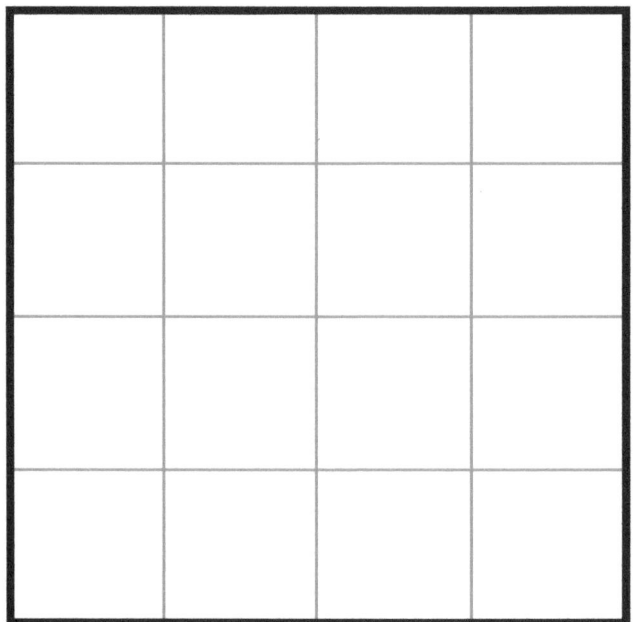

약수 놀이

놀이목표

놀이판을 약수만큼 채우면서 상대가 더이상 약수로 빈칸을 채울 수 없게 하는 게임이다.

놀이방법

1. 번갈아가며 놀이판에 약수에 해당하는 만큼 빈칸을 ○, × 로 표시한다.
2. 더이상 빈 칸을 약수로 채울 수 없는 사람이 지게 된다.

약수알기

4의 약수는 곱해서 4를 만드는 숫자이다. 4의 약수는 1, 2, 4이다.
4의 약수로 빈 칸을 채우는 방법은 아래처럼 3가지가 있다.(위치는 변할 수 있다.)

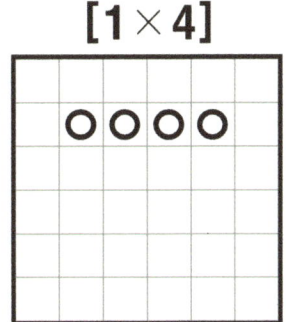
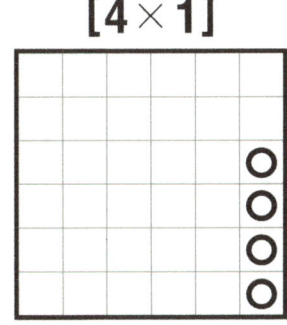
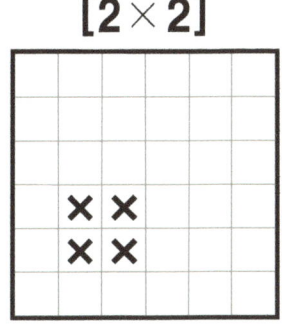

Tip

사각형 채우기 놀이 중의 한 가지이다.
놀이판을 12×12로 크게 만들면 6의 약수놀이도 가능하다.
6의 약수는 1, 2, 3, 6으로 빈 칸을 채우는 방법은 6×1, 1×6, 2×3, 3×2로 4가지이다. 예외로 대각선의 수를 허용하기도 한다.

약수 놀이

놀이진행 4의 약수 놀이 [4×1] [1×4] [2×2]

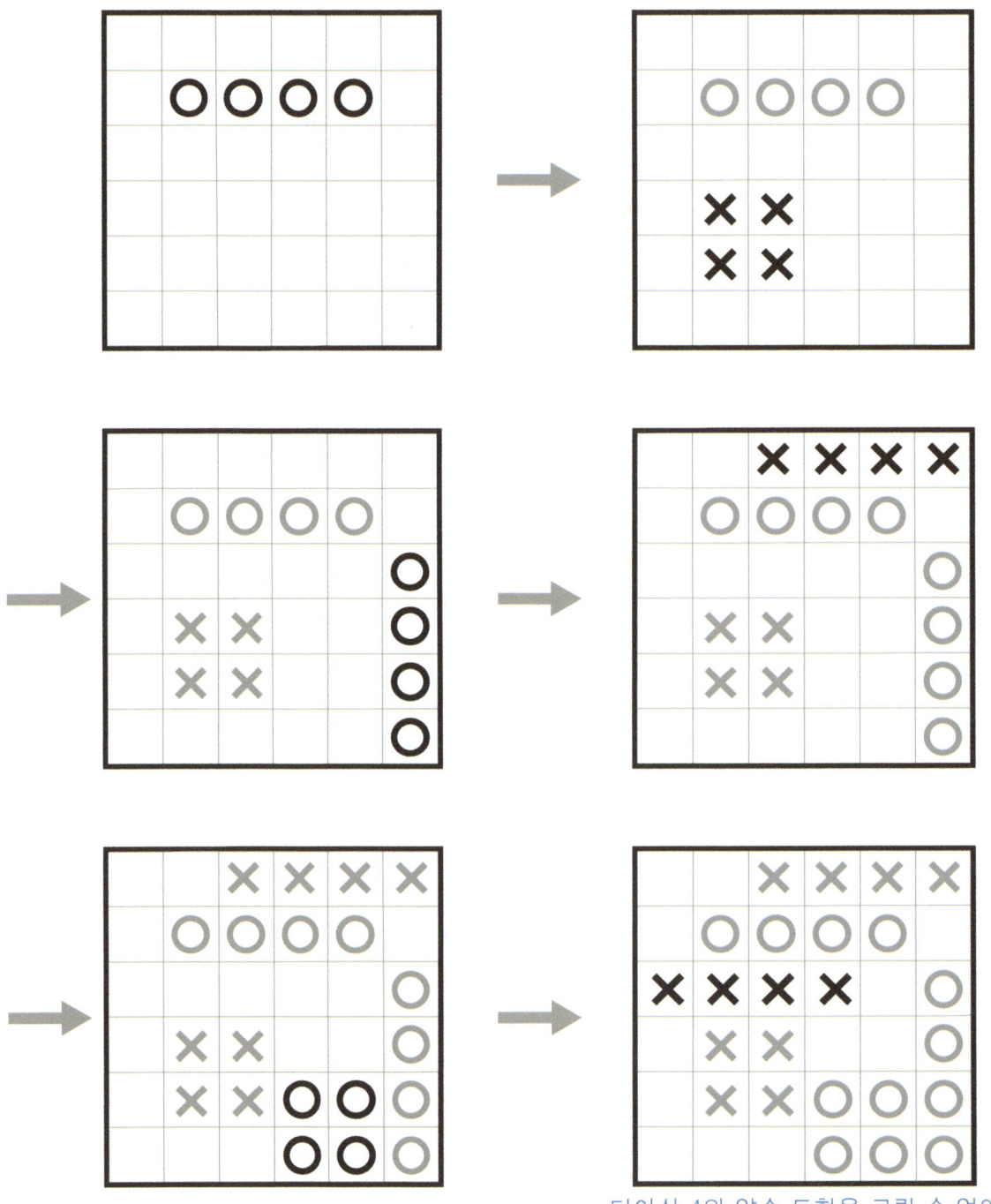

더이상 4의 약수 도형을 그릴 수 없어 ✖가 이겼다.

4의 약수놀이(6X6 놀이판)

4의 약수놀이(8X8 놀이판)

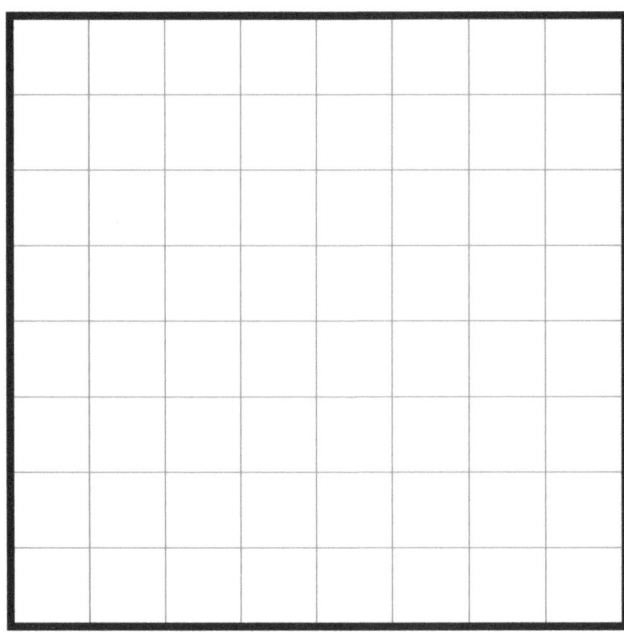

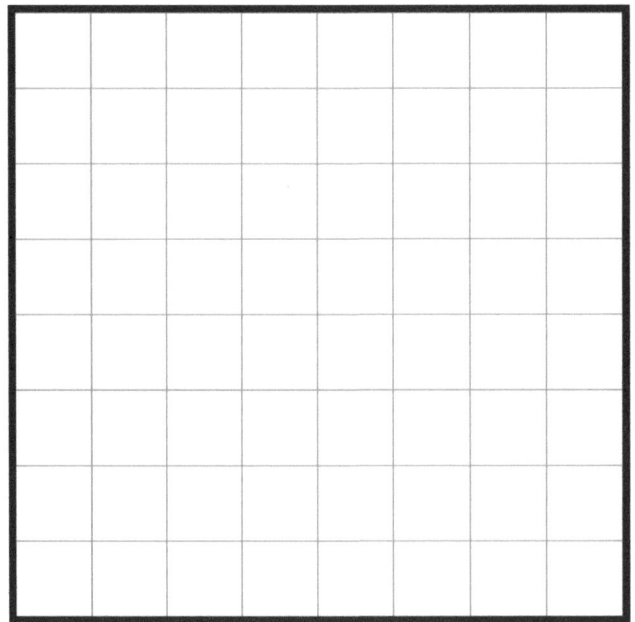

도형 놀이

- ▶ 상자 만들기
- ▶ 삼각형 상자 만들기
- ▶ 삼각형 만들기
- ▶ 사각형 만들기
- ▶ 여러 가지 정사각형 만들기
- ▶ 여러 가지 정사각형 안만들기
- ▶ 삼각형 그리기
- ▶ 사각형 그리기

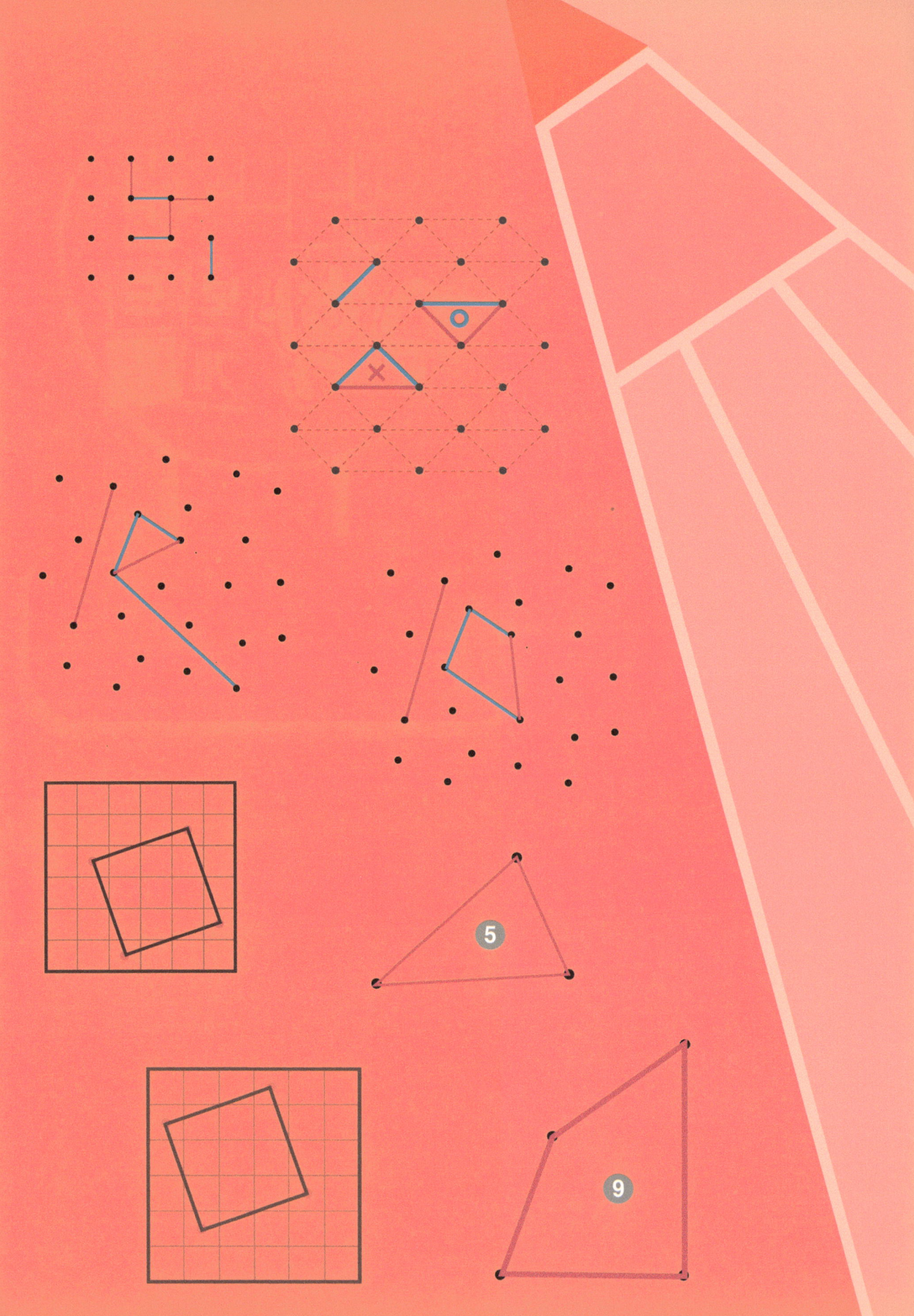

상자 만들기

놀이목표

점과 점을 이어서 네모 상자를 만드는 게임이다.

놀이방법

1. 서로 번갈아가며 놀이판의 점을 하나씩 가로와 세로로만 연결한다.

2. 내 차례에 상자가 만들어지면 자기가 만든 상자를 O, X로 표시하고 또 선을 긋는다.

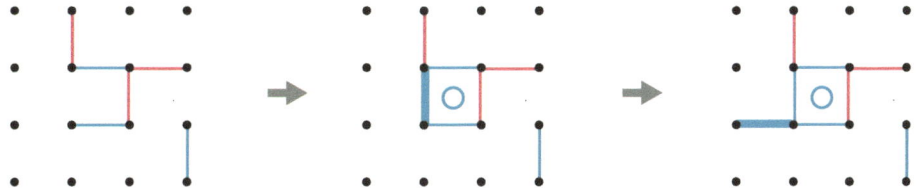

3. 더이상 선을 만들 수 없으면 O, X의 개수를 세어 더 많은 상자를 만든 사람이 이긴다.

Tip

프랑스 수학자가 19세기경에 처음 시작했다고 한다.
도트앤 박스 등 여러 가지 이름으로 불린다.
처음 네모를 만든 사람이 유리한 것은 아니다.
(그것을 미끼로 더 많은 네모를 연달아 만들 수 있다)

상자 만들기

놀이진행

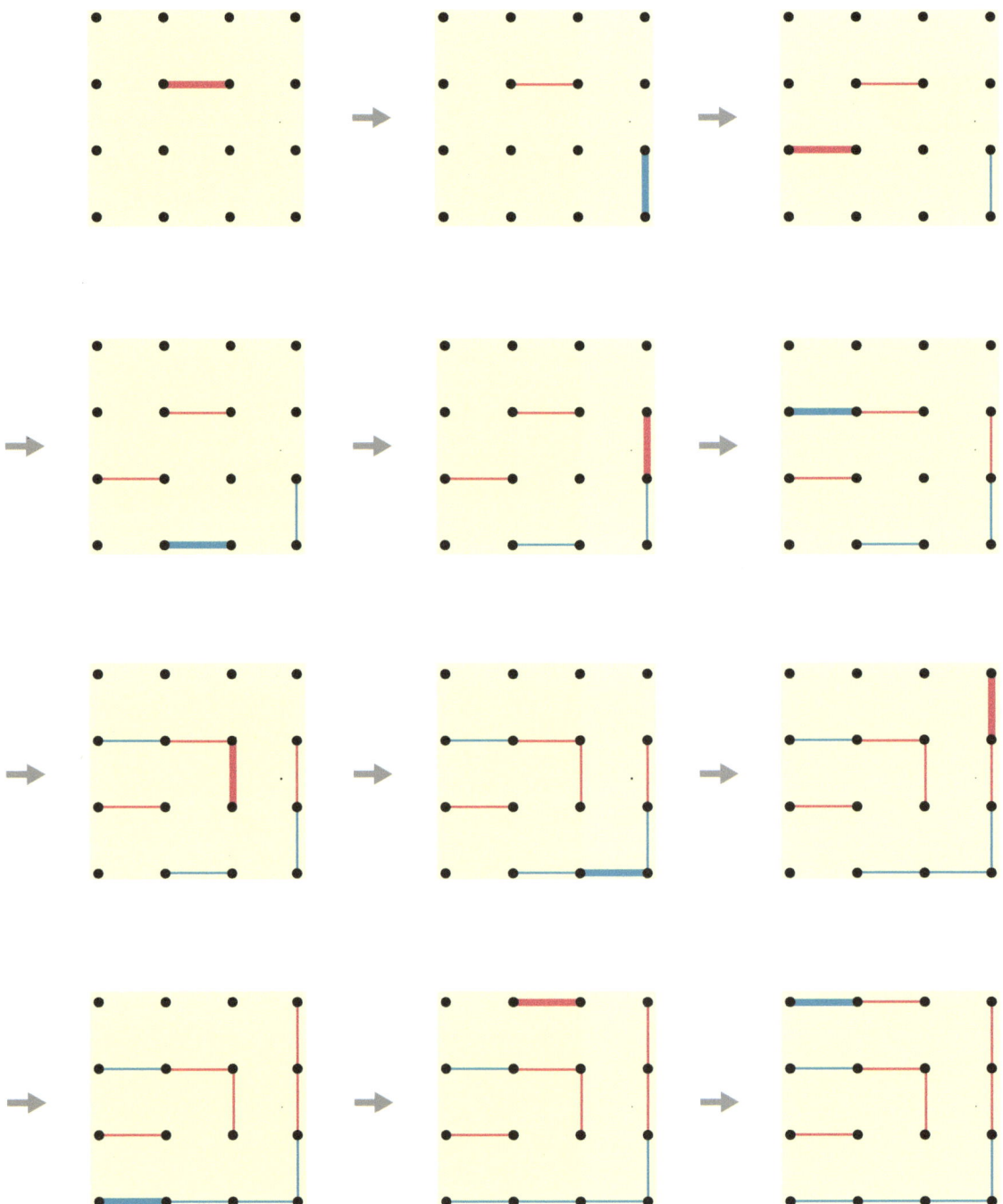

상자 만들기

놀이진행

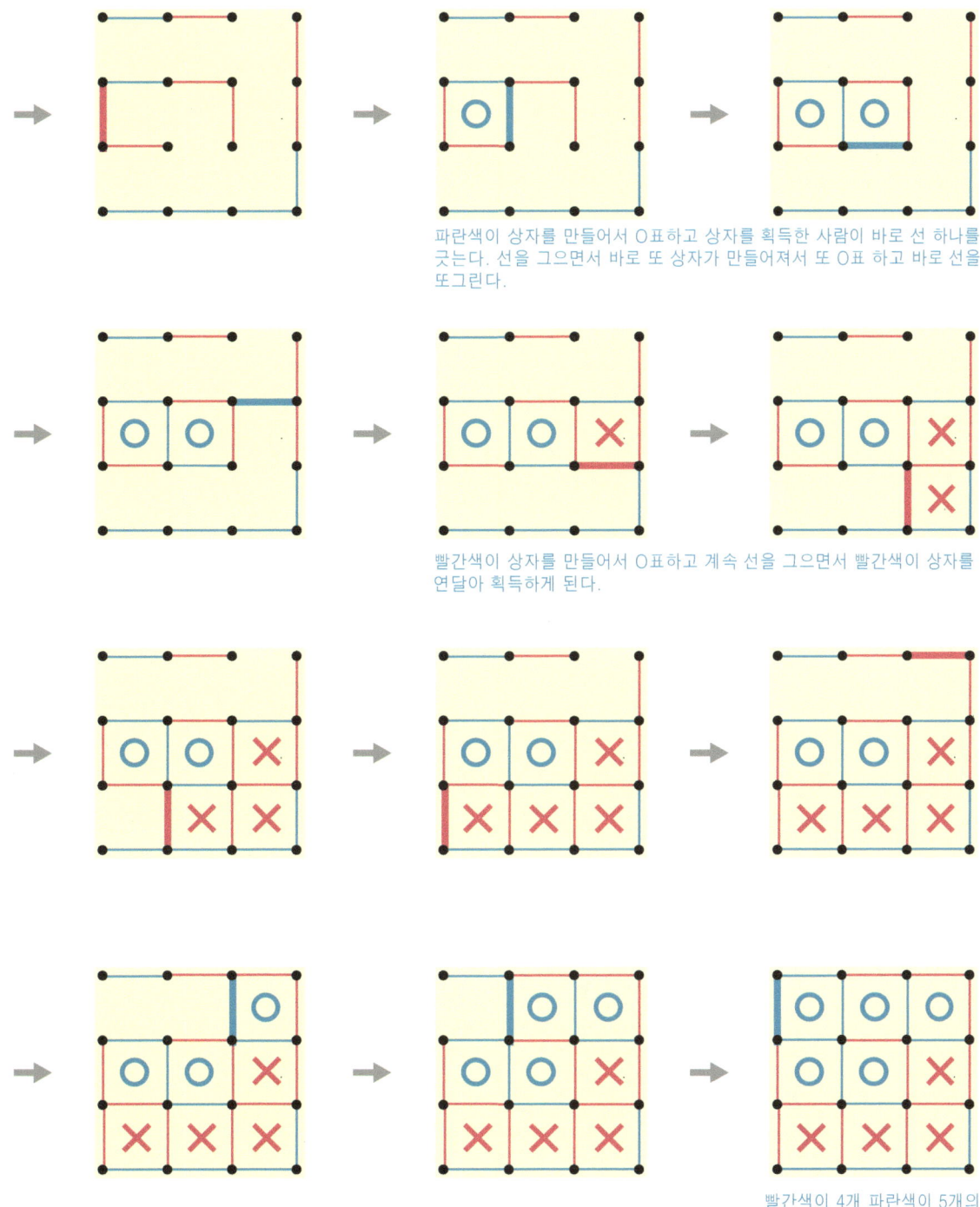

파란색이 상자를 만들어서 O표하고 상자를 획득한 사람이 바로 선 하나를 긋는다. 선을 그으면서 바로 또 상자가 만들어져서 또 O표 하고 바로 선을 또 그린다.

빨간색이 상자를 만들어서 O표하고 계속 선을 그으면서 빨간색이 상자를 연달아 획득하게 된다.

빨간색이 4개 파란색이 5개의 상자를 만들어서 파란색 승리!

상자 만들기.1

상자 만들기. 2

삼각형 상자 만들기

놀이목표

점과 점을 이어서 삼각형 상자를 만드는 게임이다.

놀이방법

1. 서로 번갈아가며 놀이판의 점선을 따라 점을 하나씩 연결한다.
2. 내 차례에 상자가 만들어지면 자기가 만든 상자를 O, X로 표시하고 또 선을 긋는다.

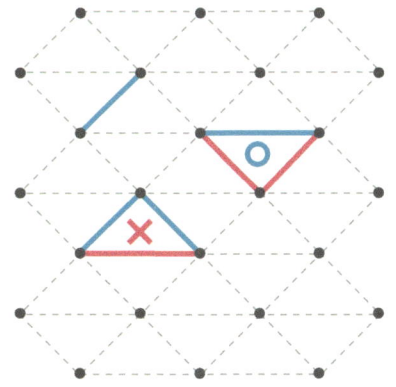

3. 더이상 선을 만들 수 없으면 O, X의 개수를 세어 더 많은 상자를 만든 사람이 이기게 된다.

Tip

사각형 상자 만들기를 삼각형으로 응용한 것이다.
삼각형과 사각형은 게임이 가능하지만 육각형은 변이 많아
게임에 제약이 많다.

삼각형 상자 만들기

놀이목표

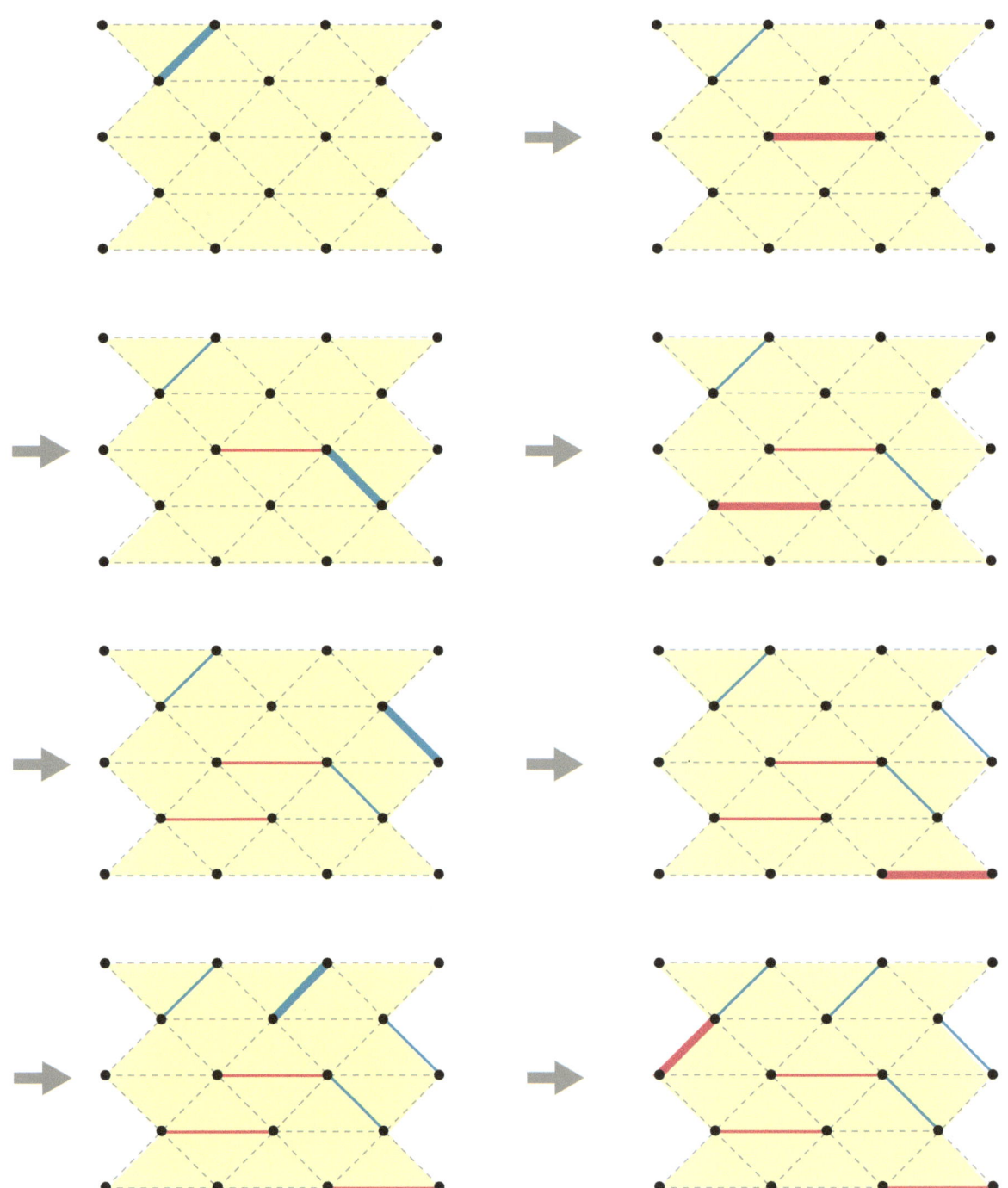

삼각형 상자 만들기

놀이목표

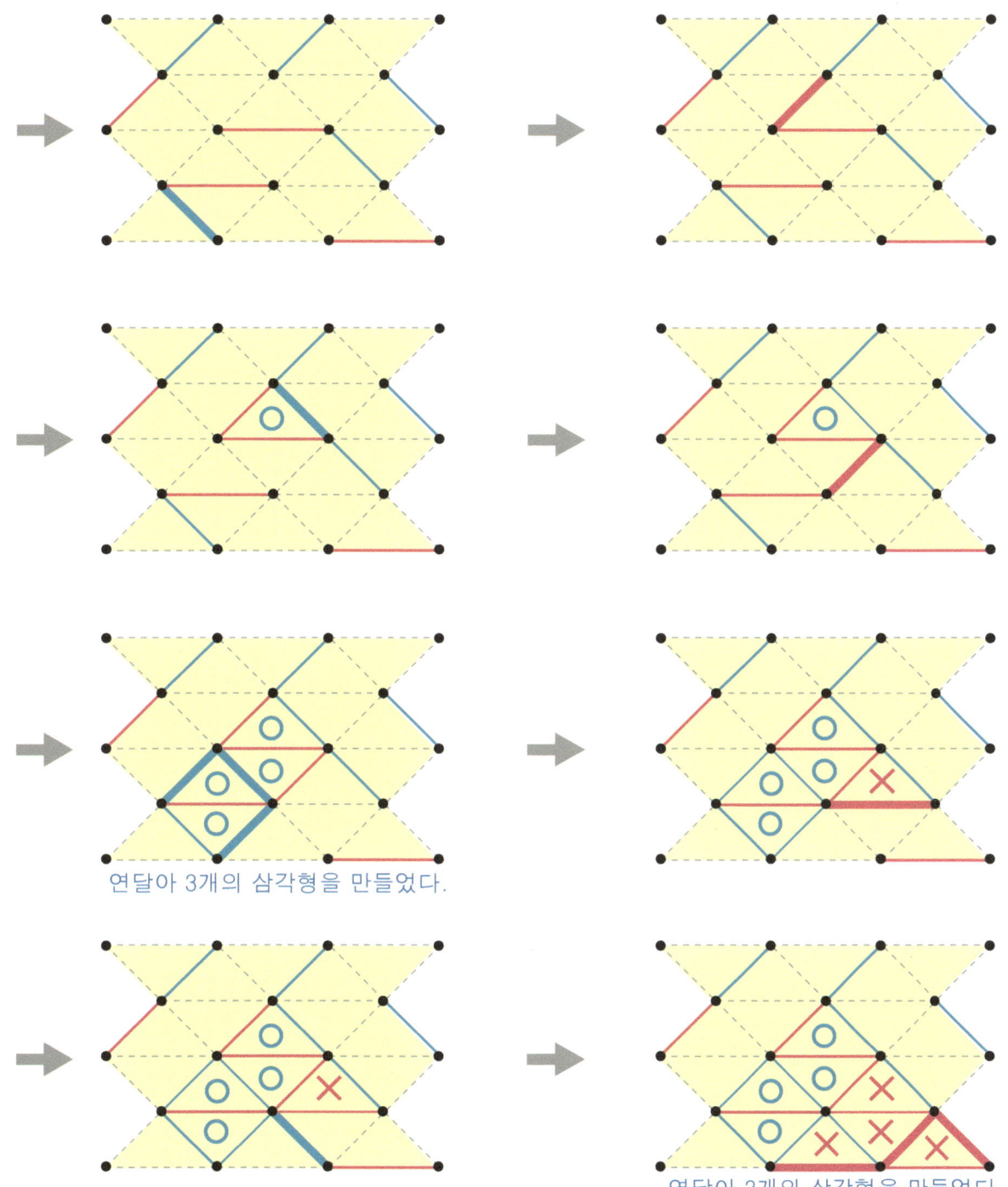

연달아 3개의 삼각형을 만들었다.

연달아 3개의 삼각형을 만들었다.

삼각형 상자 만들기

놀이목표

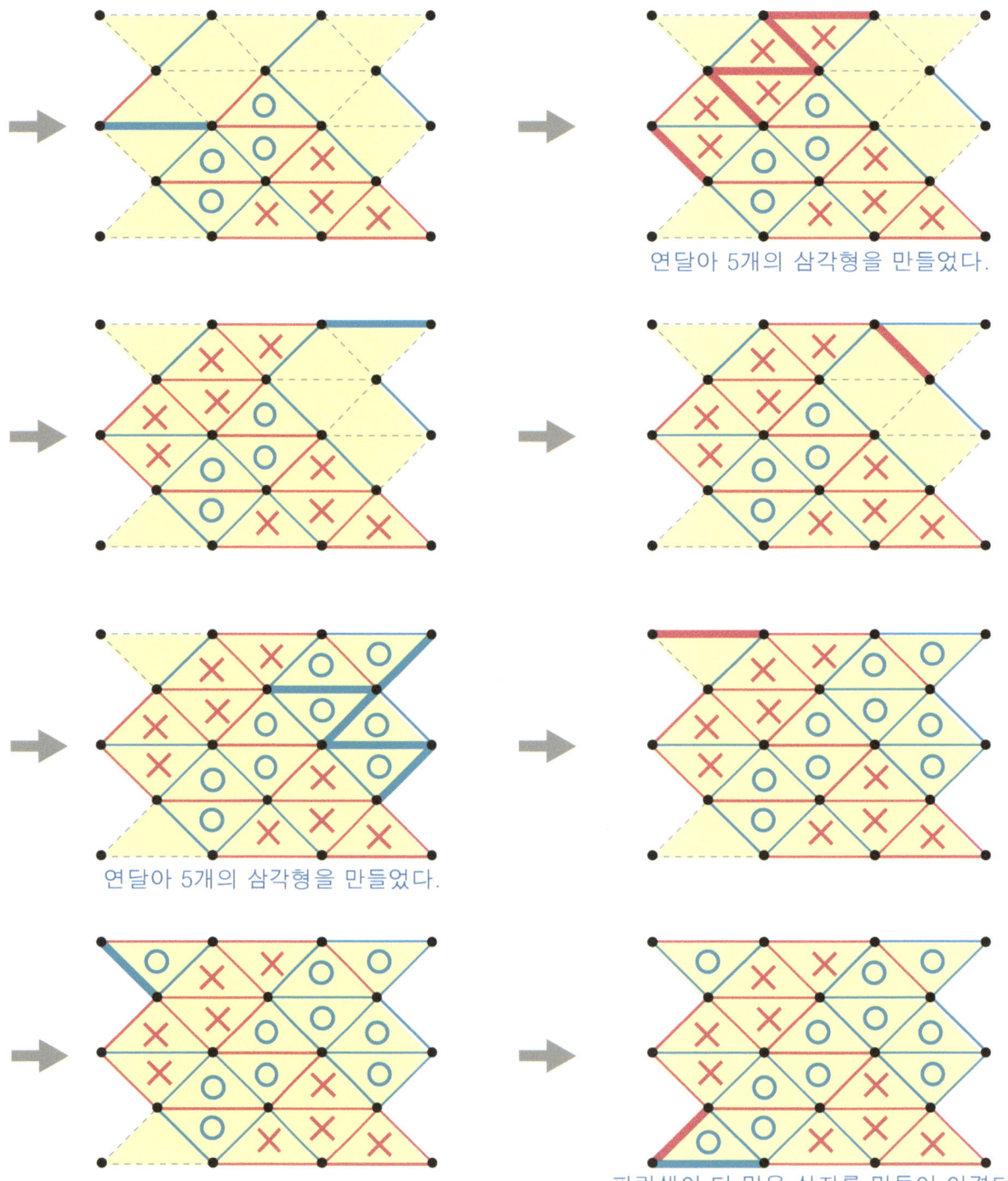

삼각형 상자 만들기.1

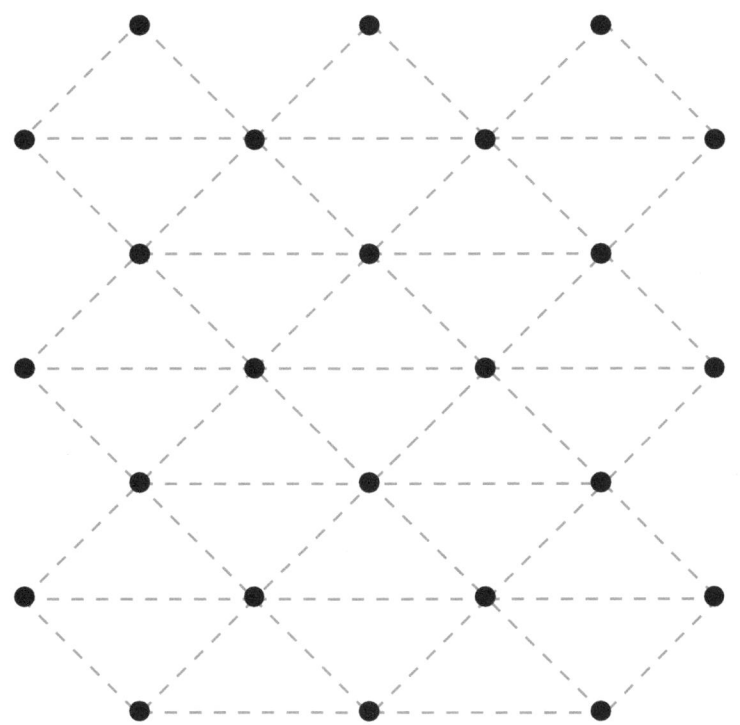

삼각형 상자 만들기.2

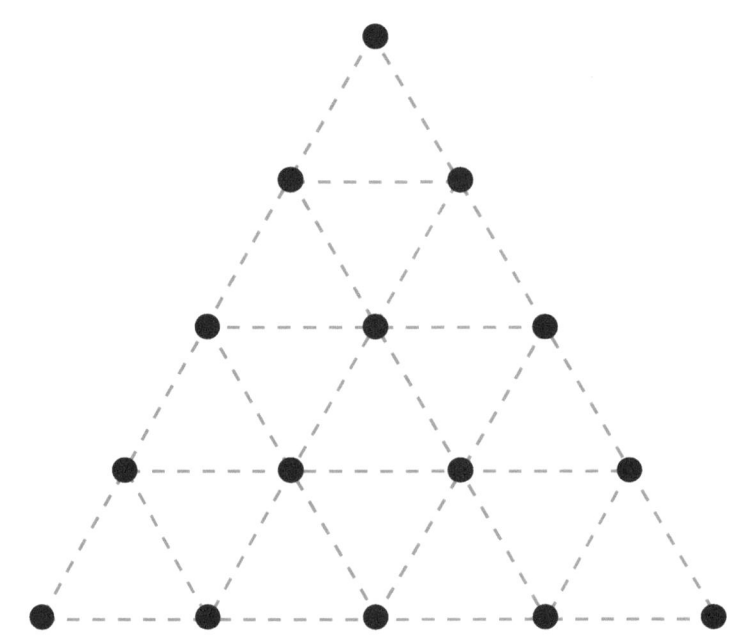

삼각형 만들기

놀이목표

점을 연결하여 삼각형을 많이 그리는 게임이다.

놀이방법

1. 서로 번갈아가며 점을 연결해 나간다
2. 선과 선은 서로 교차할 수 없다.

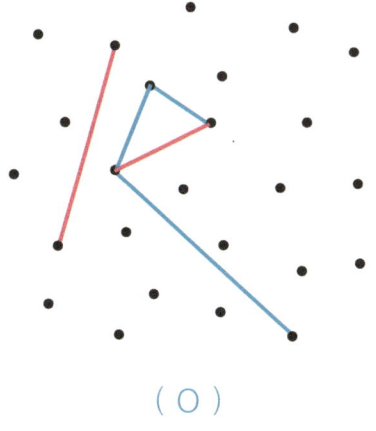
(O)

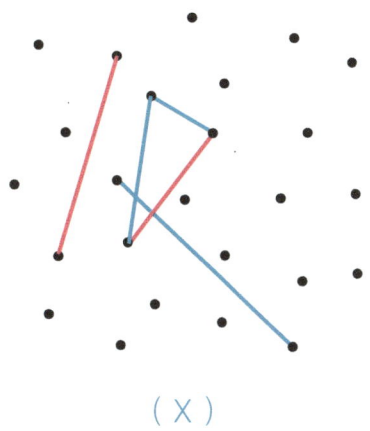
(X)

3. 삼각형을 만들면 각자 한명은 O표, 다른 한명은 X표로 표시한다.
4. 더이상 삼각형을 만들 수 없으면 각각 만든 삼각형의 수를 세어 더 많이 그린 사람이 이기는 게임이다.

Tip

가능한 놀이판의 점 세개가 직선을 이루지 않도록 그린다.
점 5개에서 시작하여 점의 개수를 늘려가며 놀이한다.

삼각형 만들기

놀이규칙

1. 점과 점사이를 지나쳐서 점을 연결할 수 없다.

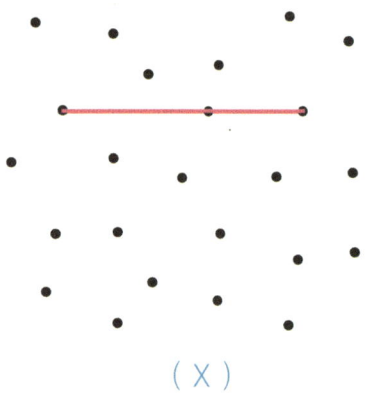

(X)

2. 선과 선은 교차할 수 없다.

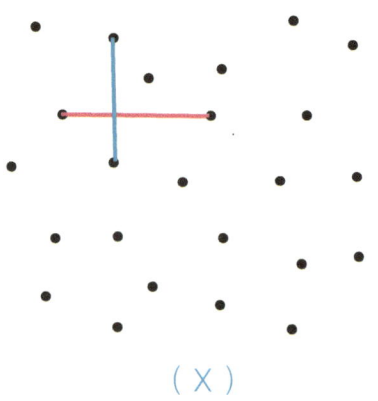

(X)

3. 삼각형 안에 점이 있어서는 안된다.

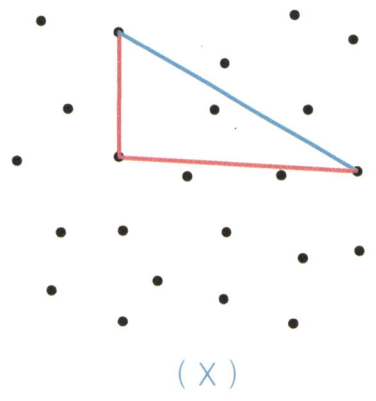

(X)

4. 점과 점이 거리가 멀어도 다른 점과 겹치지 않으면 그을 수 있다.

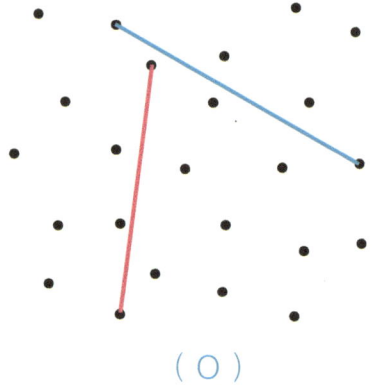

(O)

삼각형 만들기

놀이진행

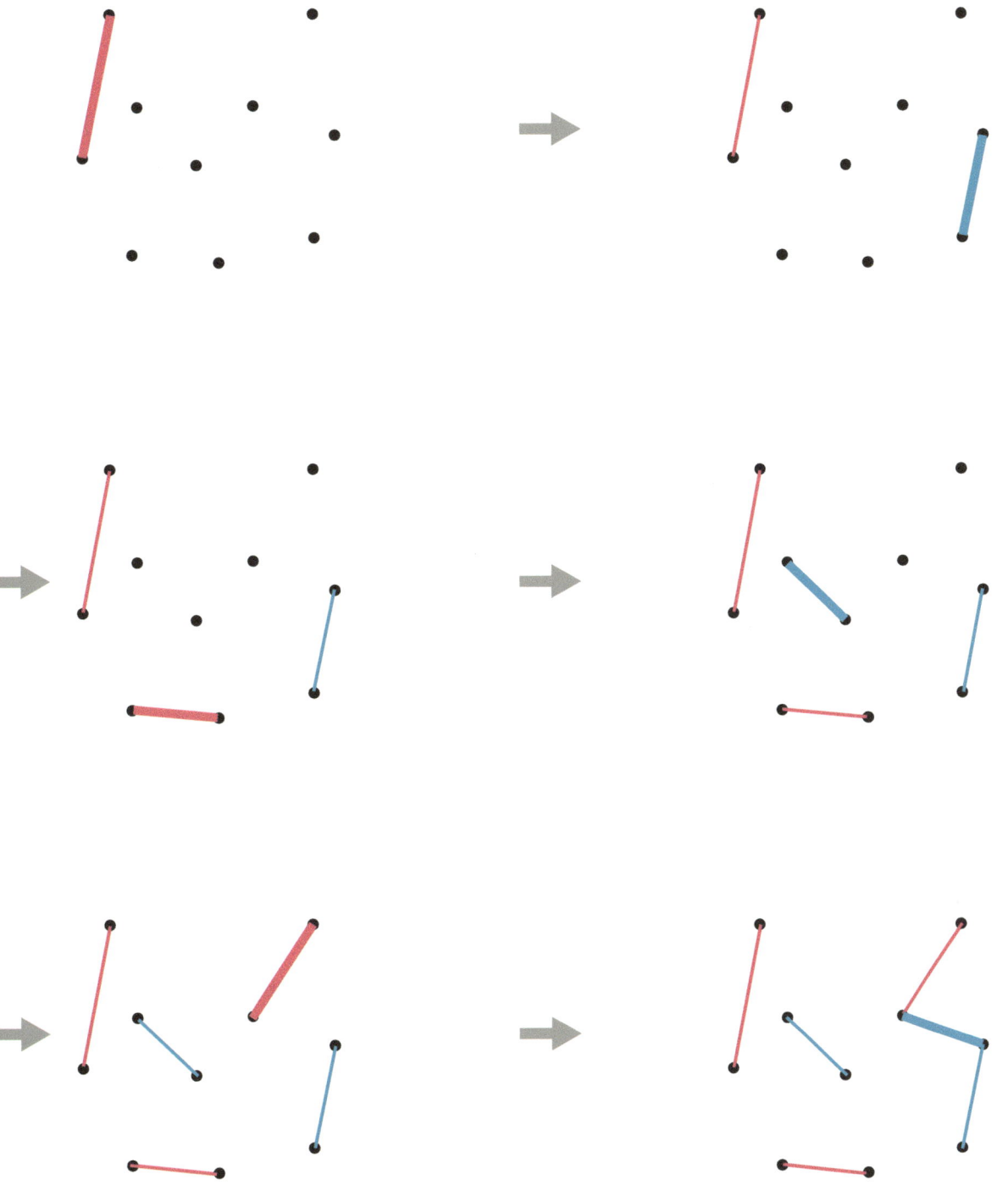

삼각형 만들기

놀이진행

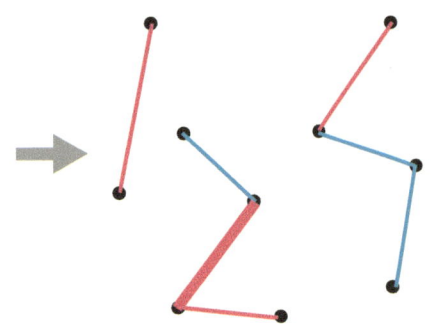 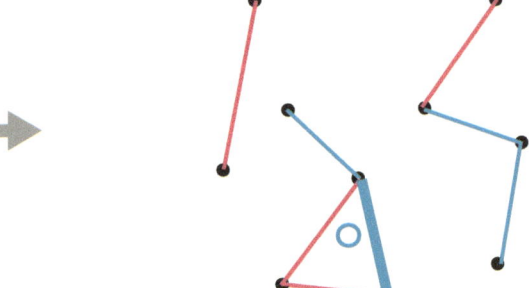

파랑이 선을 그어 삼각형을 만들어서 O표

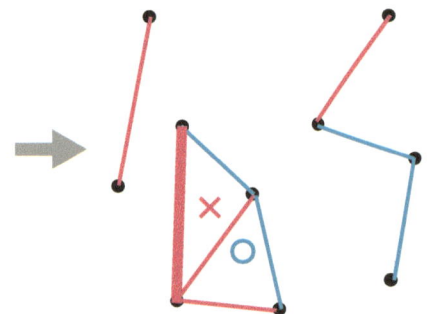 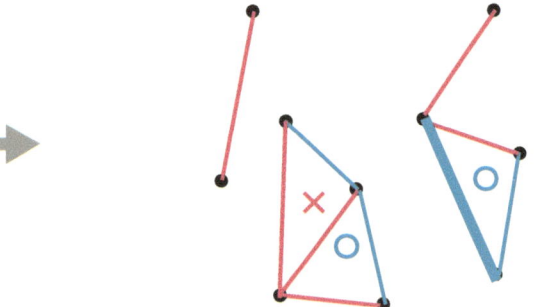

빨강이 선을 그어 삼각형을 만들어서 X표   파랑이 선을 그어 삼각형을 만들어서 O표

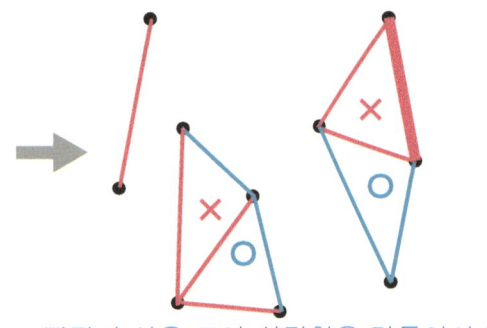 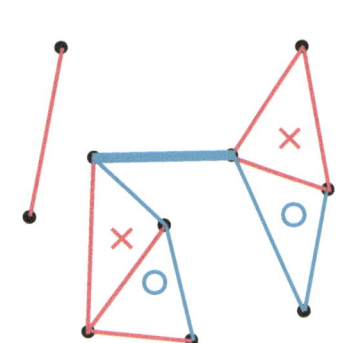

빨강이 선을 그어 삼각형을 만들어서 X표

삼각형 만들기

놀이진행

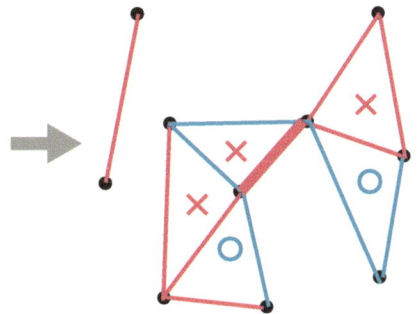

빨강이 선을 그어 삼각형을 만들어서 X표

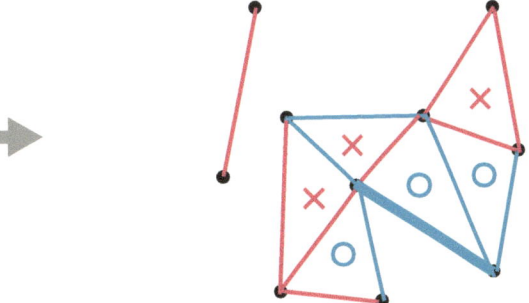

파랑이 선을 그어 삼각형을 만들어서 O표

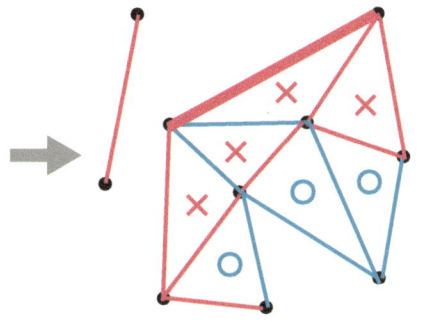

빨강이 선을 그어 삼각형을 만들어서 X표

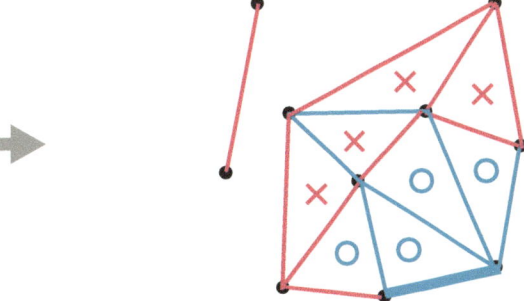

파랑이 선을 그어 삼각형을 만들어서 O표

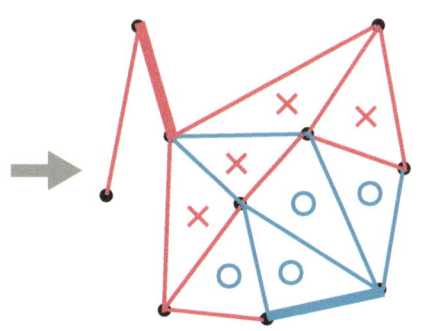

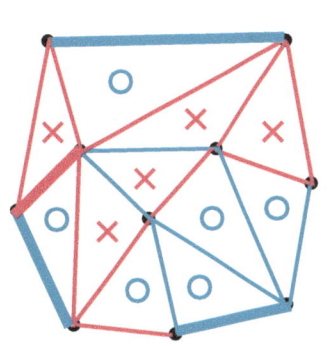

파랑이 6개 빨강이 5개로 파랑이 이겼다.

삼각형 만들기.1

삼각형 만들기.2

삼각형 만들기.3

사각형 만들기

놀이목표

점을 연결하여 사각형을 더 많이 그리는 게임이다.

놀이방법

1. 서로 번갈아가며 점을 연결해 나간다
2. 선과 선은 서로 교차할 수 없다.

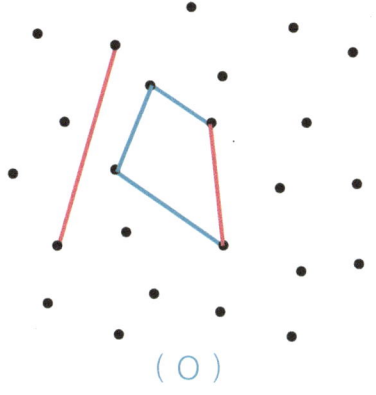
(O)

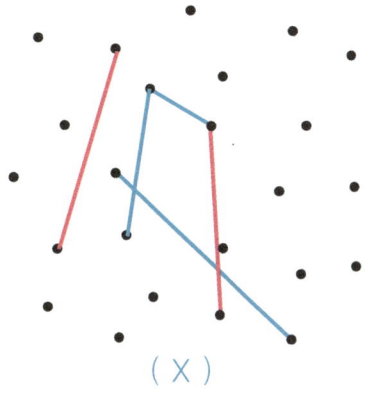
(X)

3. 사각형을 만들면 각자 한명은 O, 다른 한명은 X로 표시한다.
4. 더이상 사각형을 만들 수 없으면 각각 만든 사각형의 수를 세어 더 많이 그린 사람이 이기는 게임이다.

Tip

가능한 놀이판의 점 네개가 직선을 이루지 않도록 그린다.
점 8개에서 시작하여 점의 개수를 늘려가며 놀이한다.

사각형 만들기

놀이규칙

1. 점과 점사이를 지나쳐서 점을 연결할 수 없다.

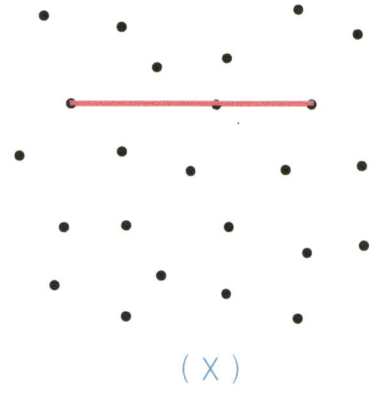

(X)

2. 선과 선은 교차할 수 없다.

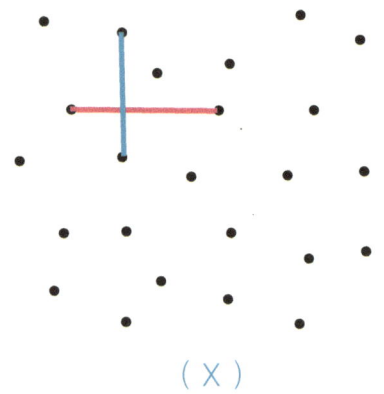

(X)

3. 사각형 안에 점이 있어서는 안된다.

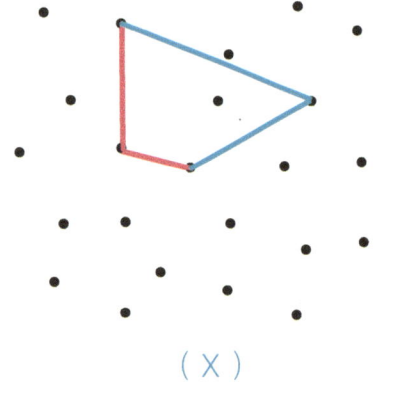

(X)

4. 점과 점이 거리가 멀어도 다른 점과 겹치지 않으면 그을 수 있다.

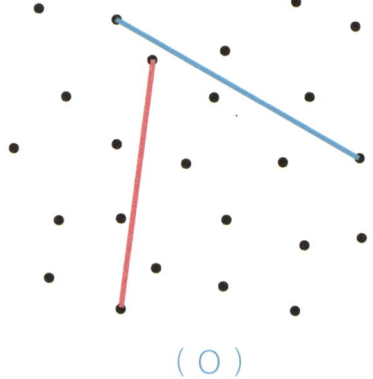

(O)

사각형 만들기

놀이진행

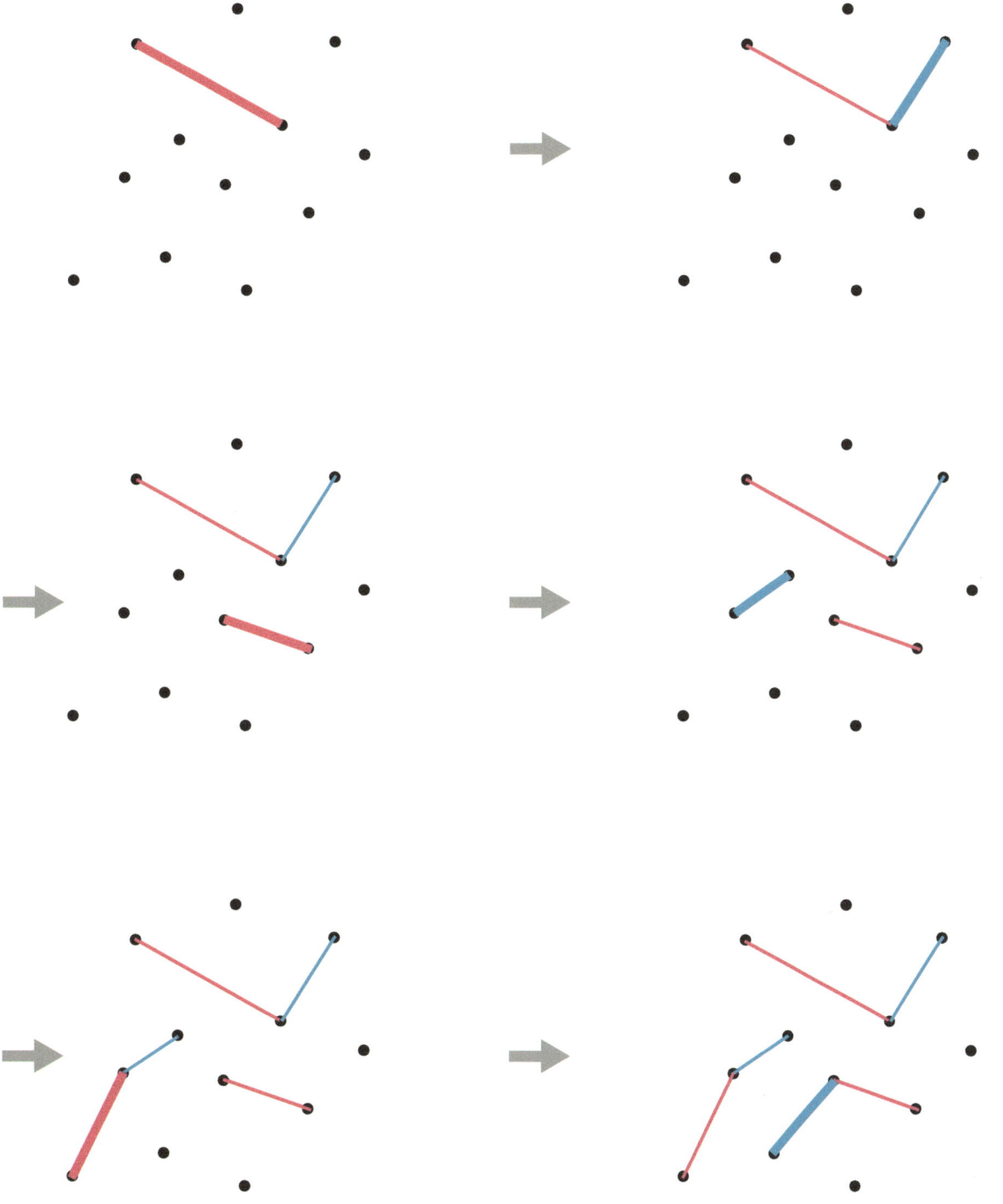

사각형 만들기

놀이진행

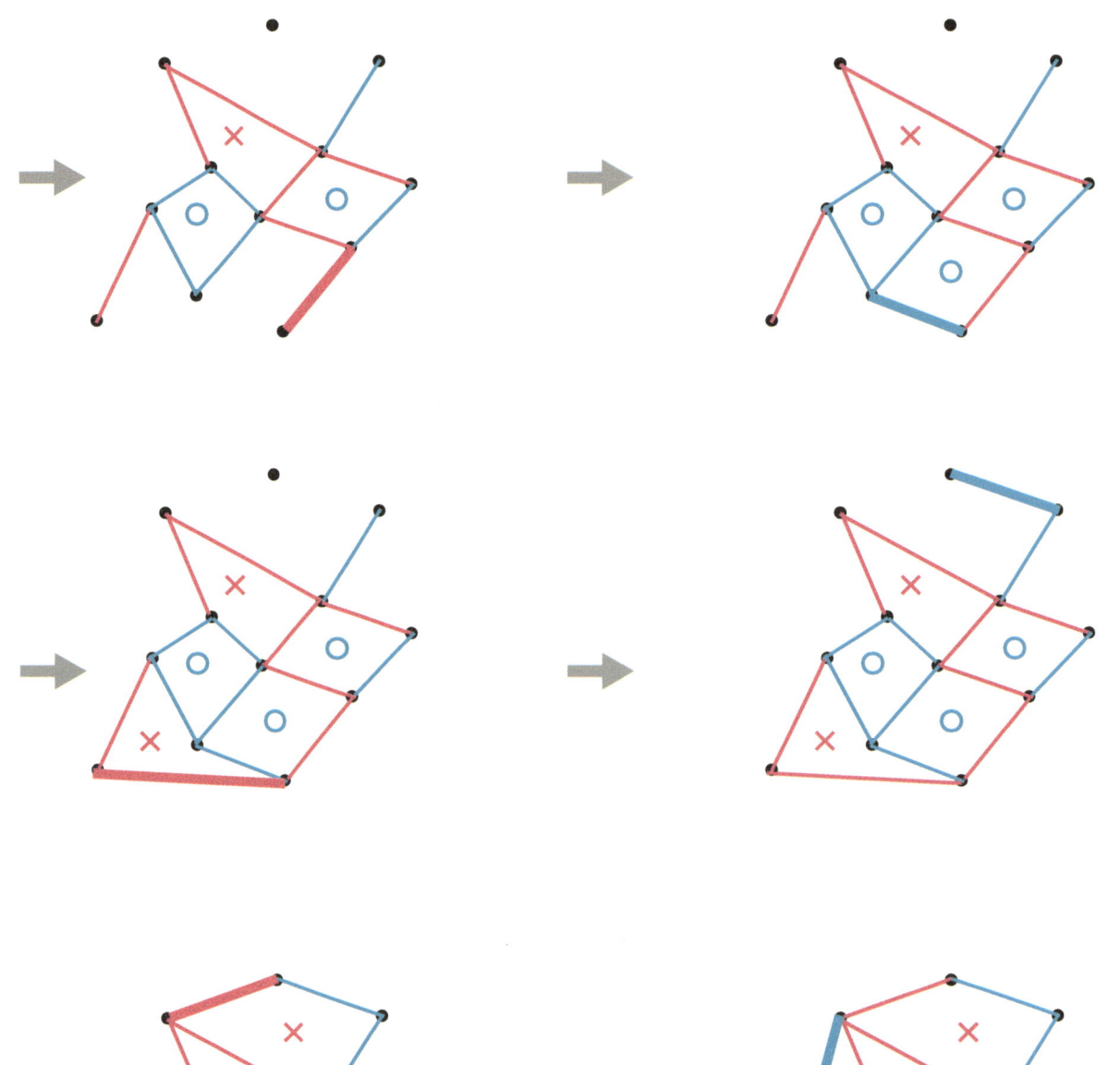

파란색이 4개 빨간색이 3개로 파란색이 이겼다.

사각형 만들기.1

사각형 만들기.2

여러 가지 정사각형 만들기

놀이목표

4개의 점을 이어 정사각형을 먼저 만드는 게임이다.

놀이방법

1. 서로 다른 색으로 번갈아가며 네모칸에 점을 그린다.(O, X로 표시해도 된다.)
2. 먼저 정사각형이 되도록 점을 그리면 이기는 게임이다.

정사각형 종류
방향에 따라 아래 종류 외에 여러 가지가 있을 수 있다.

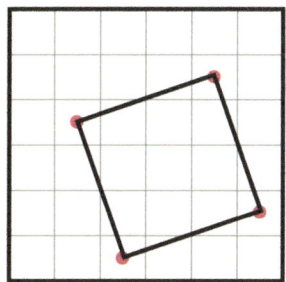 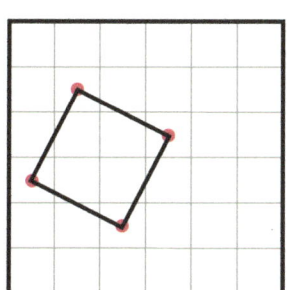 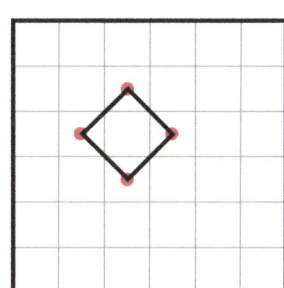 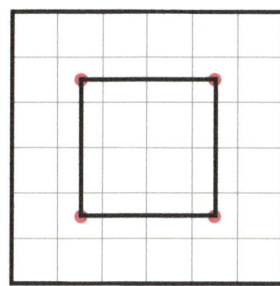

Tip

네모칸의 가운데에 점을 표시하여 4개의 점이 정사각형이
되는 종류를 먼저 알아보는 것이 중요하다.
의외의 여러 정사각형을 찾아 내는 것도 재미의 한 요소이다.

여러 가지 정사각형 만들기

놀이진행

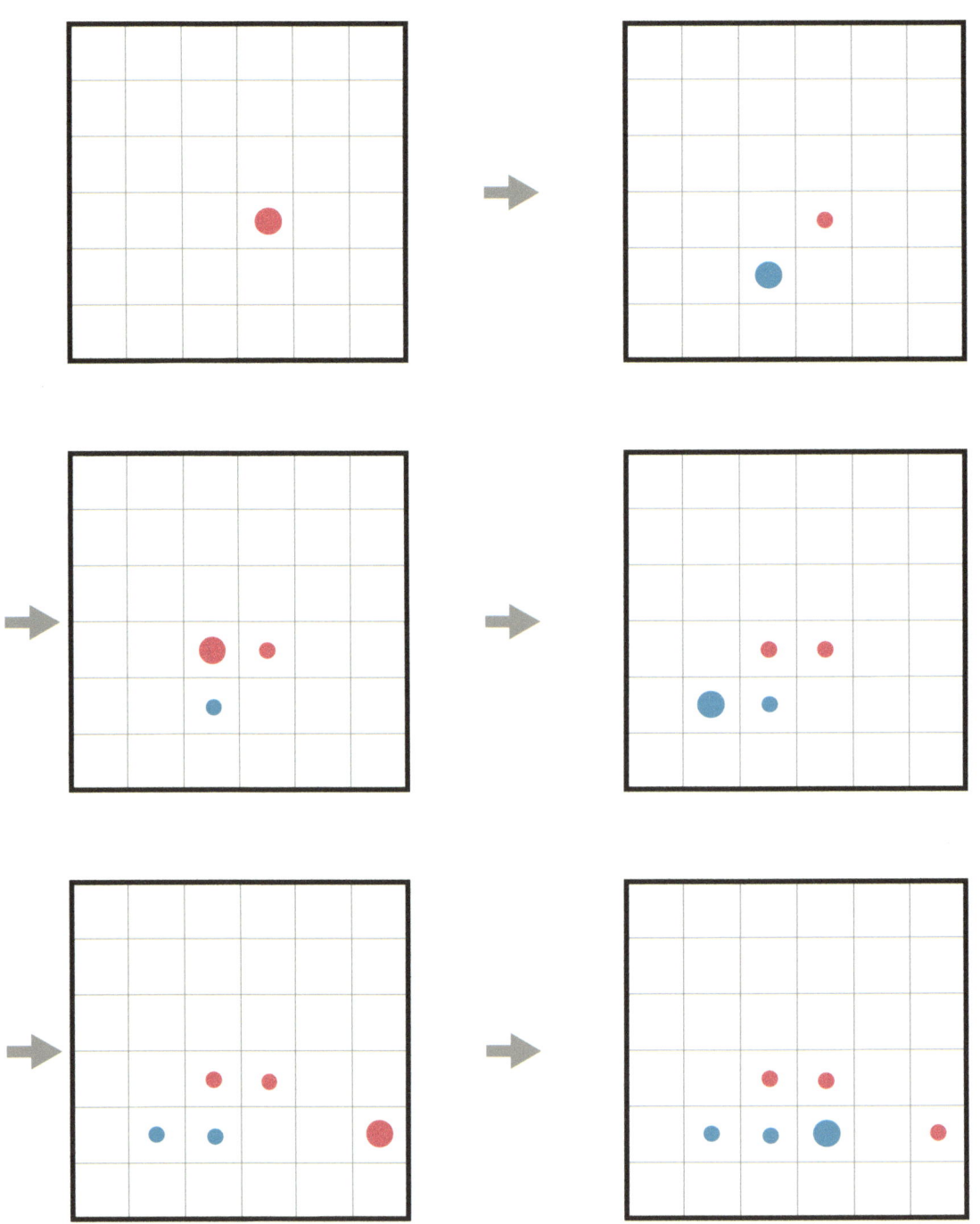

여러 가지 정사각형 만들기

놀이진행

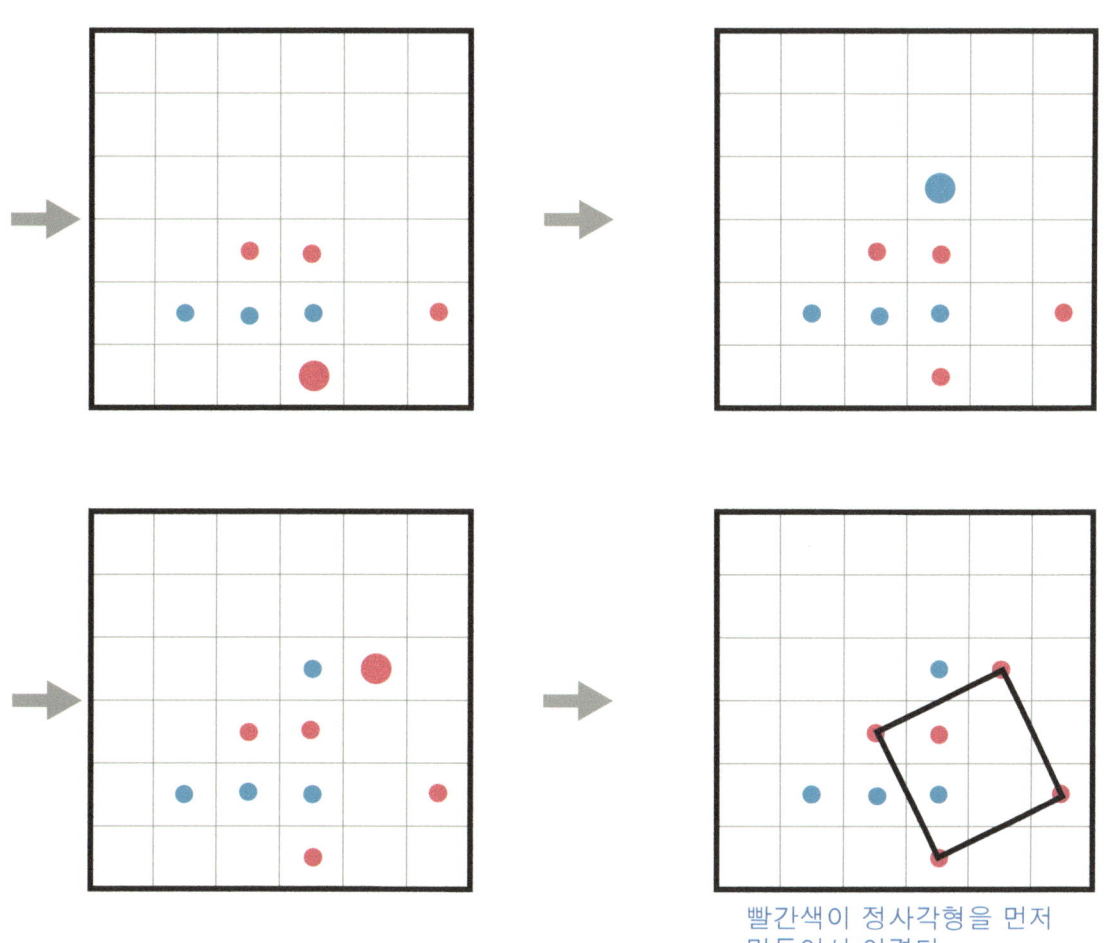

빨간색이 정사각형을 먼저
만들어서 이겼다.

여러가지 정사각형 만들기

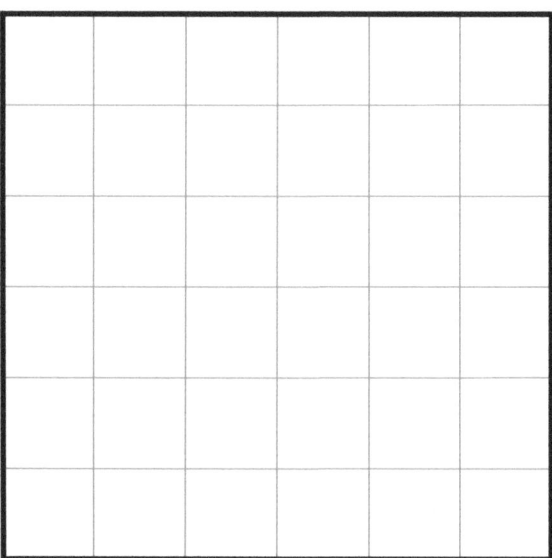

여러가지 정사각형 만들기

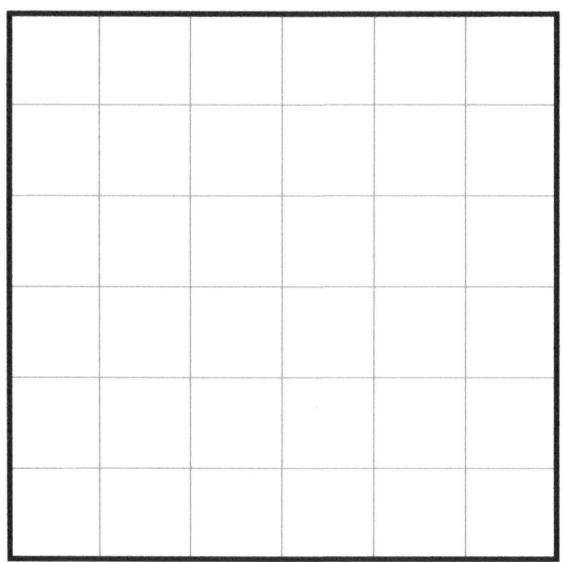

여러 가지 정사각형 안만들기

놀이목표

4개의 점을 이어 정사각형을 먼저 만들면 지는 게임이다.

놀이방법

1. 서로 같은 색으로 번갈아가며 네모칸에 점을 그린다.(O로 표시해도 된다.)
2. 어쩔수 없이 먼저 정사각형이 되도록 점을 그리면 지는 게임이다.

정사각형 종류
방향에 따라 아래 종류 외에 여러 가지가 있을 수 있다.

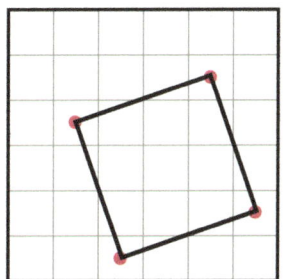 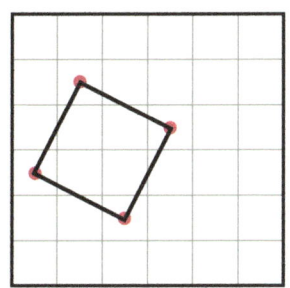 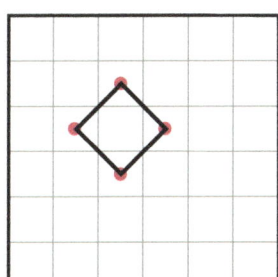 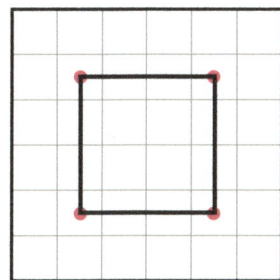

Tip

네모칸의 가운데에 점을 표시하여 4개의 점이 정사각형이 되는 종류를
먼저 알아보는 것이 중요하다.
여러 가지 정사각형을 만드는 것보다 정사각형을 만들지 않는 것이
더 어렵고 집중력이 필요하다.

여러 가지 정사각형 안만들기

> 놀이진행

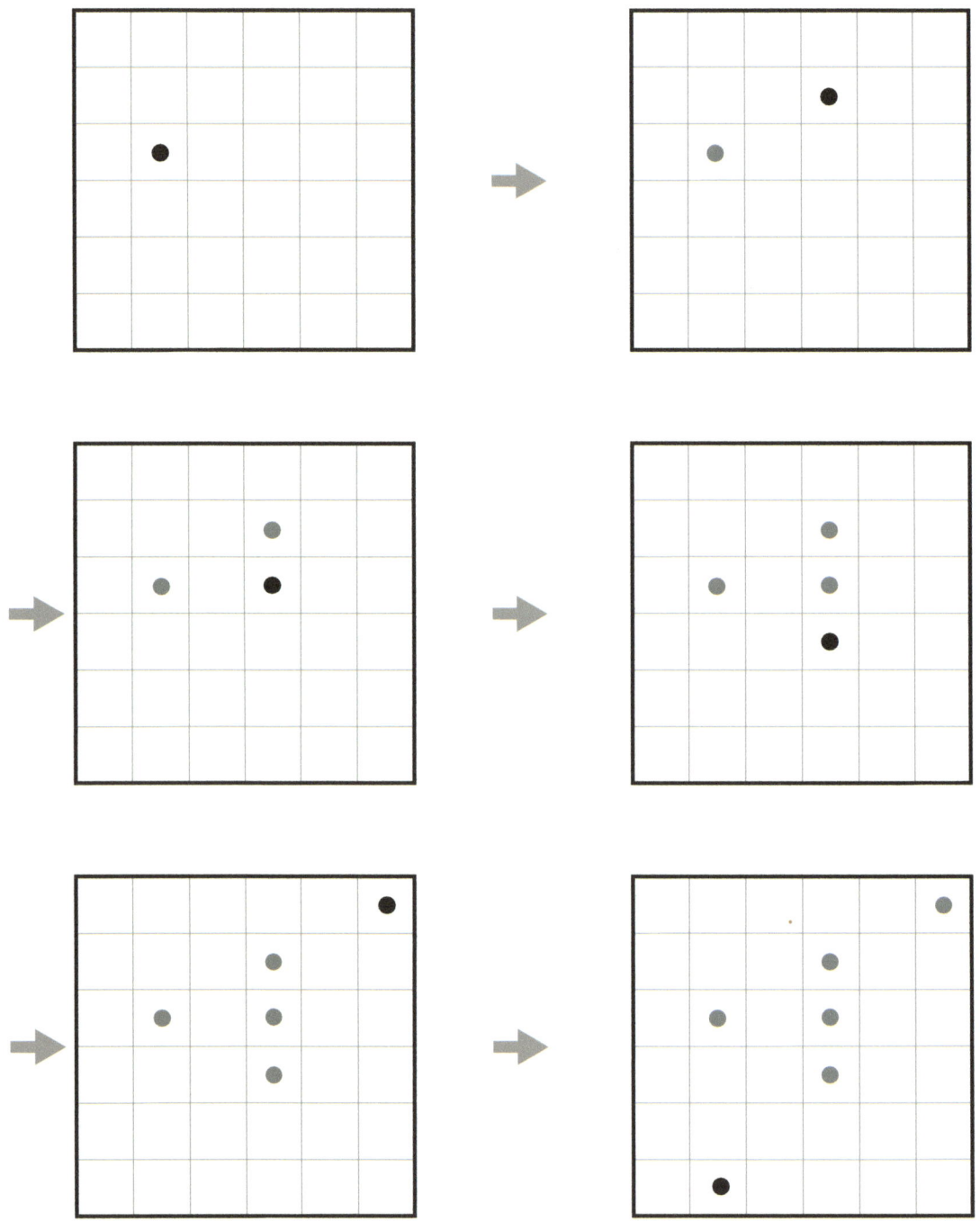

여러 가지 정사각형 안만들기

놀이진행

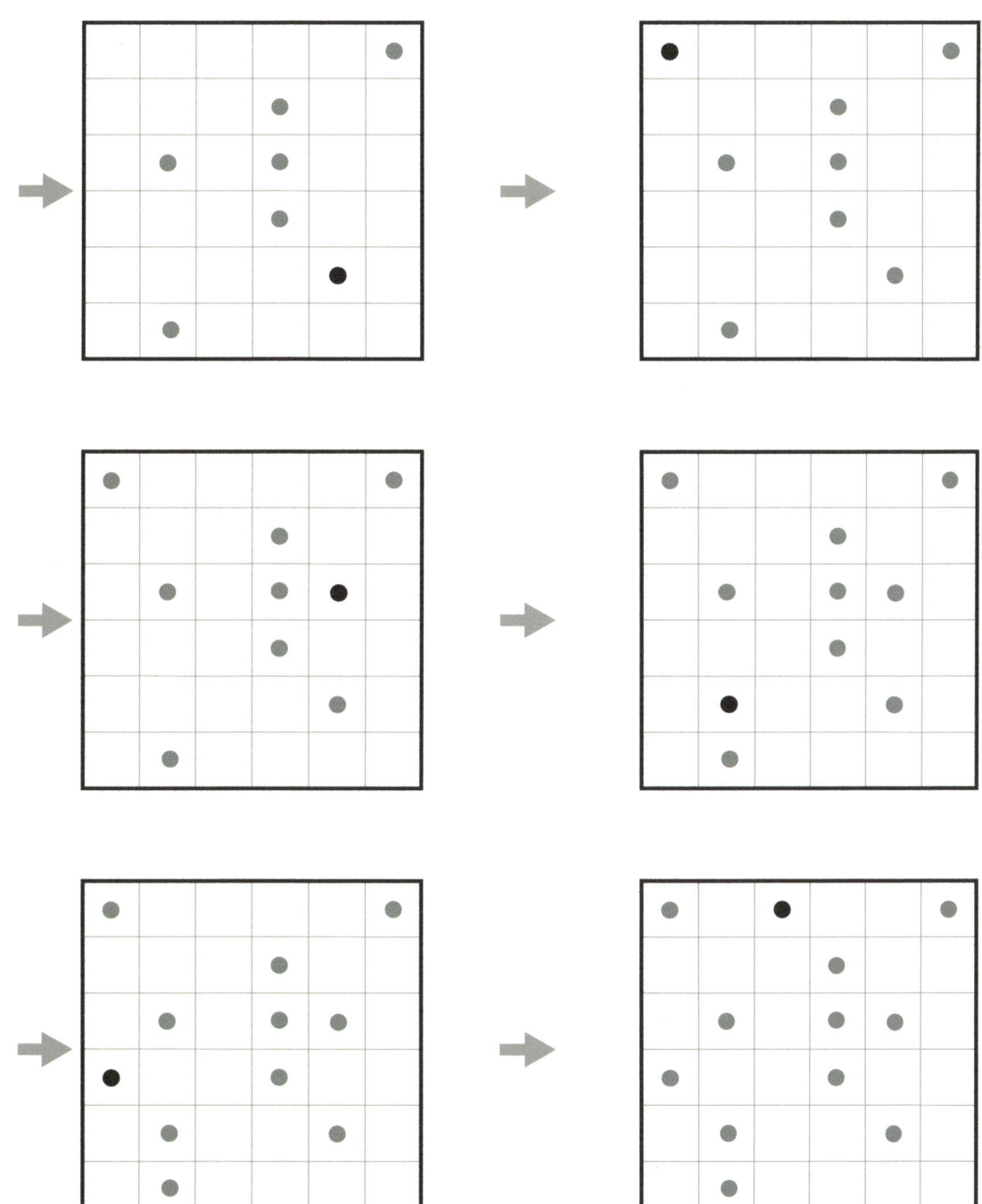

여러 가지 정사각형 안만들기

놀이진행

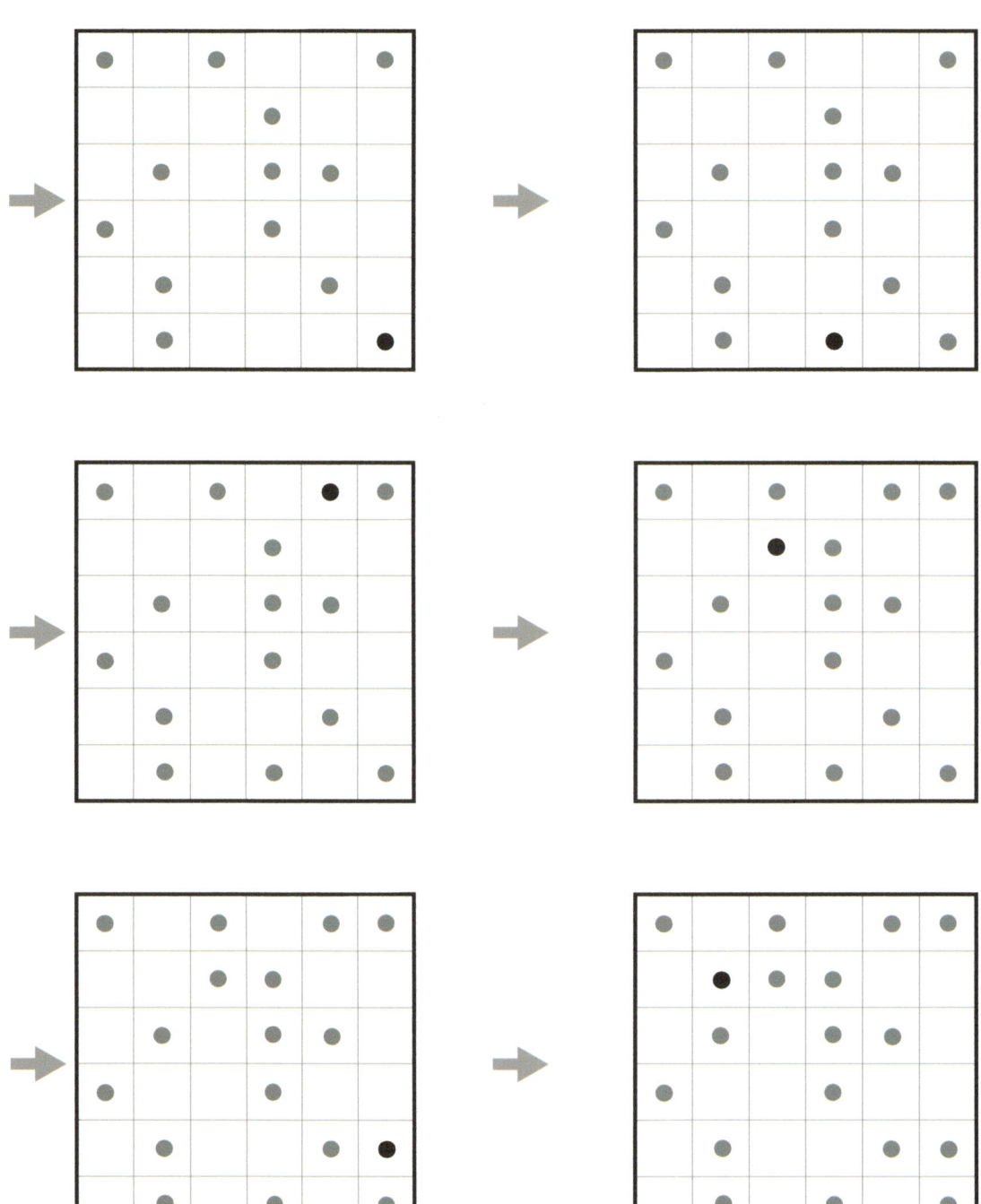

여러 가지 정사각형 안만들기

놀이진행

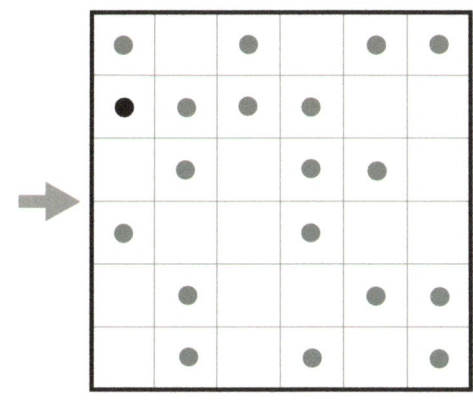 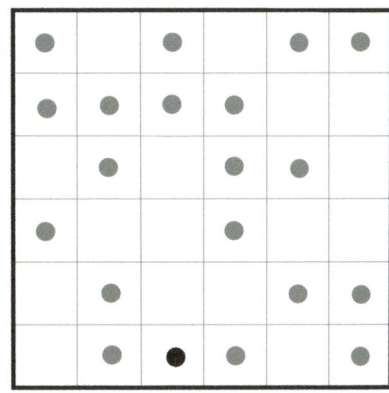

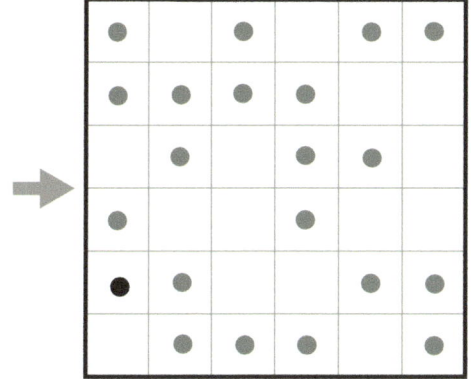 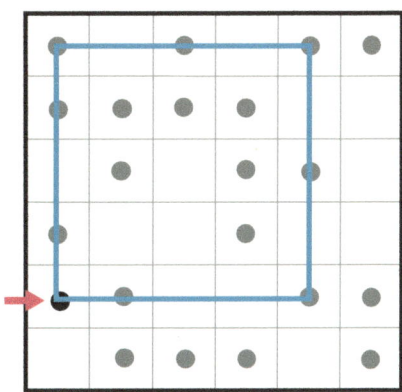

화살표가 가르키는 점을 놓으면
정사각형이 만들어 져서 지게 된다.

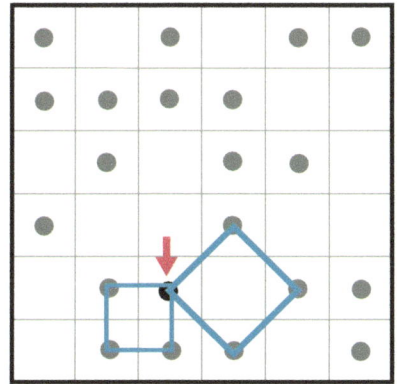 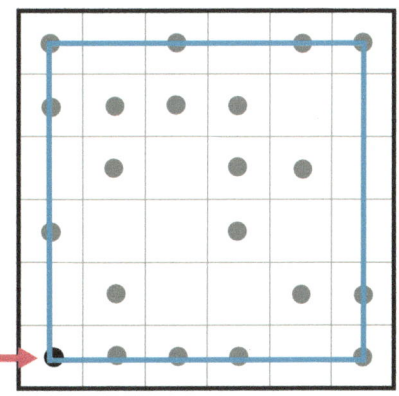

화살표가 가르키는 점을 놓으면
정사각형이 만들어 져서 지게 된다.

화살표가 가르키는 점을 놓으면
정사각형이 만들어 져서 지게 된다.

여러가지 정사각형 안만들기

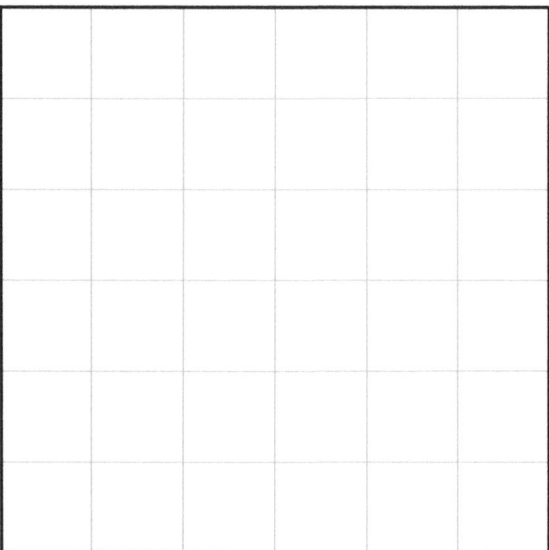

여러가지 정사각형 안만들기

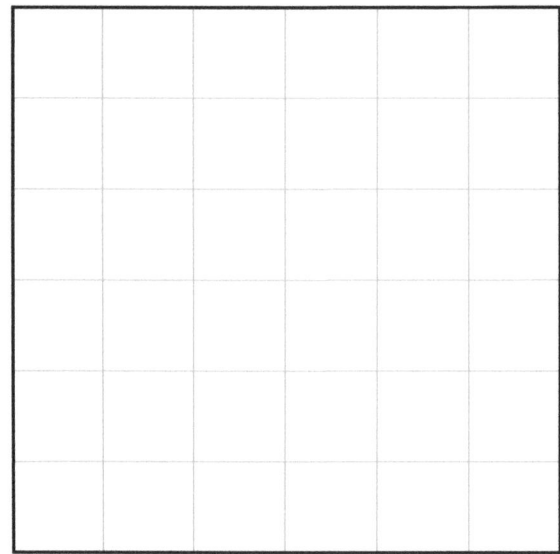

삼각형 그리기

놀이목표
점을 연결하여 더이상 상대방이 삼각형을 그리지 못하도록 하는 게임이다.

놀이방법
1. 서로 번갈아가며 점을 연결하여 삼각형을 만든다.
2. 더이상 삼각형을 만들 수 없으면 지게 된다.

놀이규칙

1. 점과 점사이를 지나쳐서 점을 연결할 수 없다.

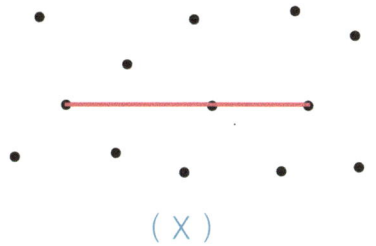
(X)

2. 점을 중복사용할 수 없다.

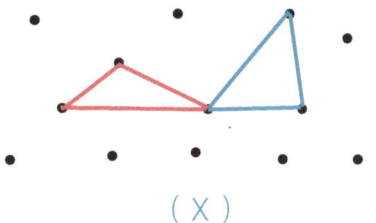
(X)

3. 삼각형 안에 점이 있어서는 안된다.

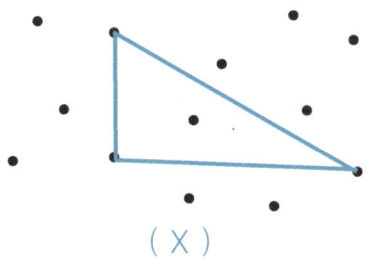
(X)

Tip
공간지각력을 기를 수 있는 놀이다.

삼각형 그리기

놀이진행.1

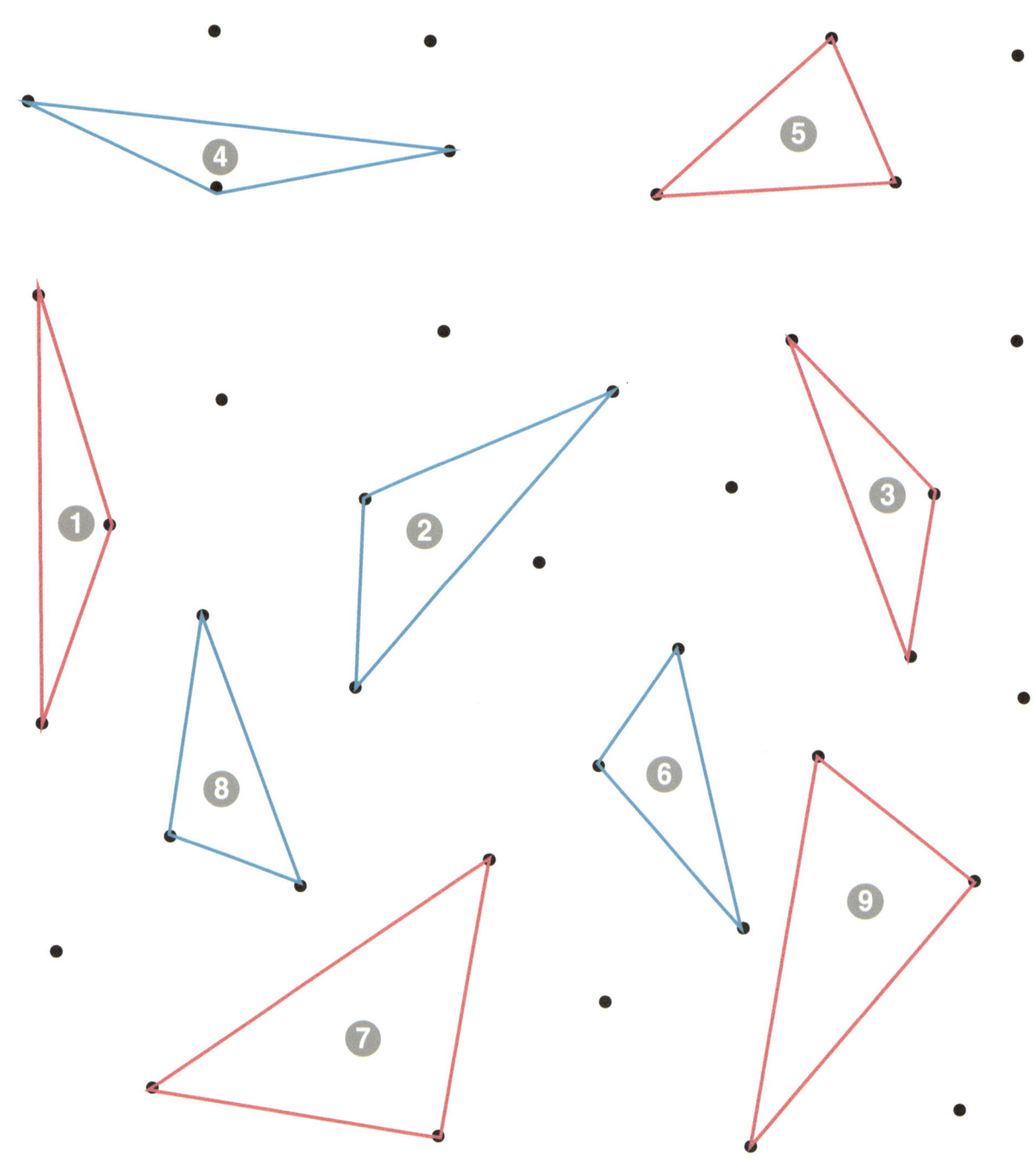

파란색 차례에 점은 여러 개 남았지만 더이상 삼각형을 그릴 수 없어 게임이 끝났다.

삼각형 그리기

놀이진행.2

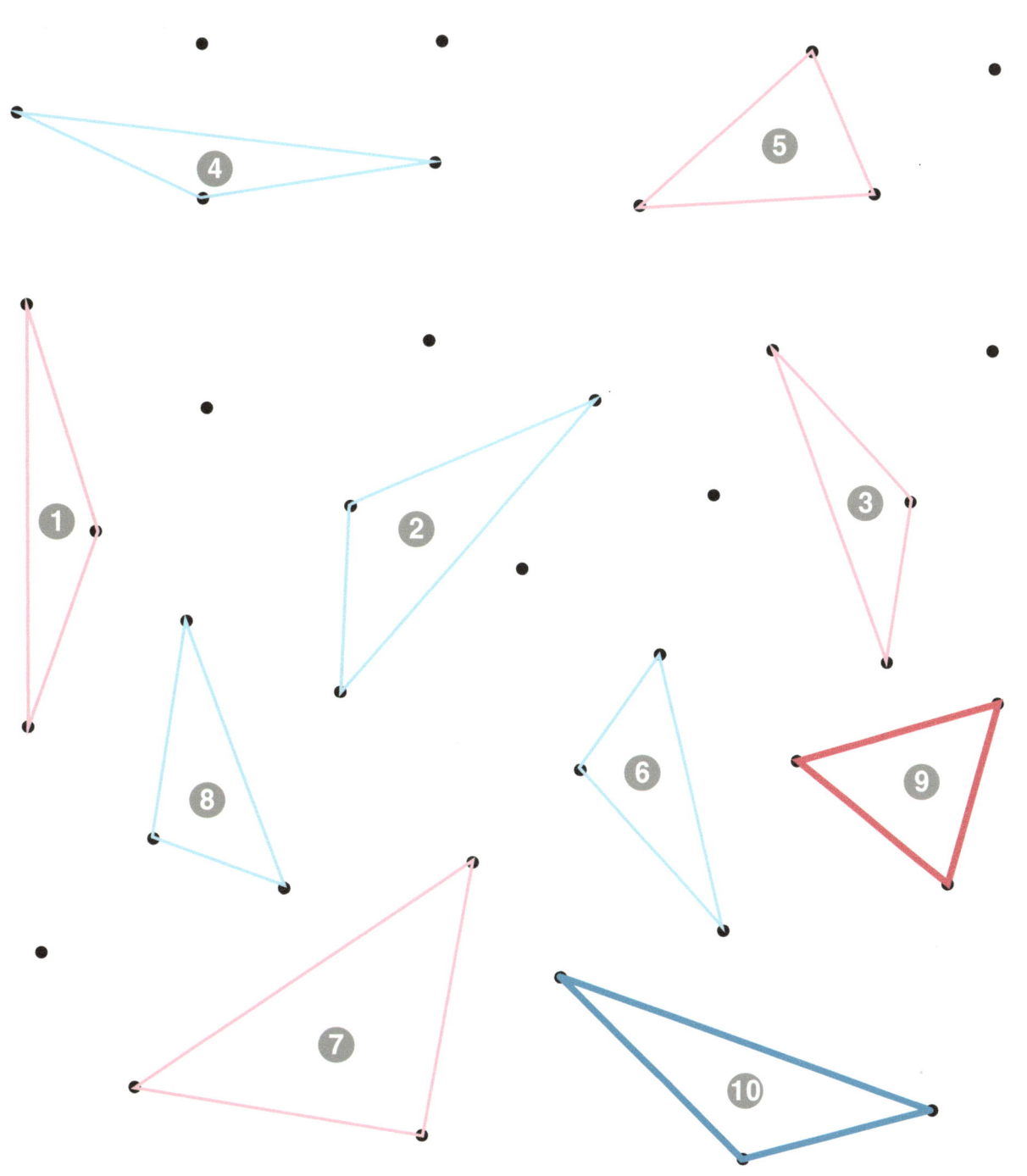

빨간색 차례에 위와 같이 9번 삼각형을 그리면 파란색이 10번 삼각형을 그릴 수 있어 빨간색이 지게 된다.

삼각형 그리기

사각형 그리기

놀이목표

점을 연결하여 더이상 상대방이 사각형을 그리지 못하도록 하는 게임이다.

놀이방법

1. 서로 번갈아가며 점을 연결하여 사각형을 만든다.
2. 더이상 사각형을 만들 수 없으면 지게 된다.

놀이규칙

1. 점과 점사이를 지나쳐서 점을 연결할 수 없다.

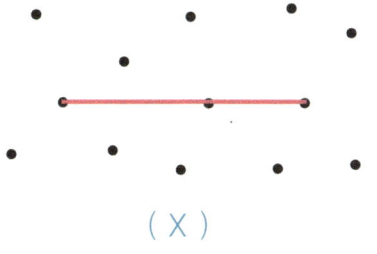

(X)

2. 점을 중복사용할 수 없다.

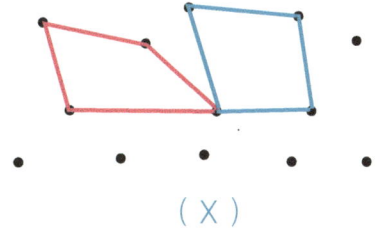

(X)

3. 사각형 안에 점이 있어서는 안된다.

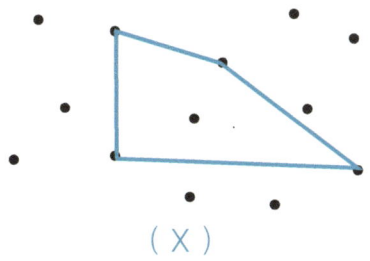

(X)

4. 점이 4개 연결된 오목한 사각형도 사각형이다.

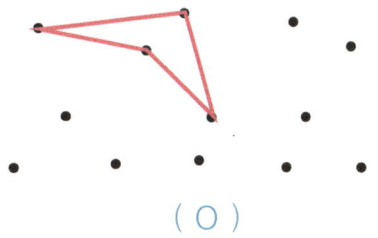

(O)

Tip

공간지각력을 기를 수 있는 놀이다.

사각형 그리기

놀이진행.1

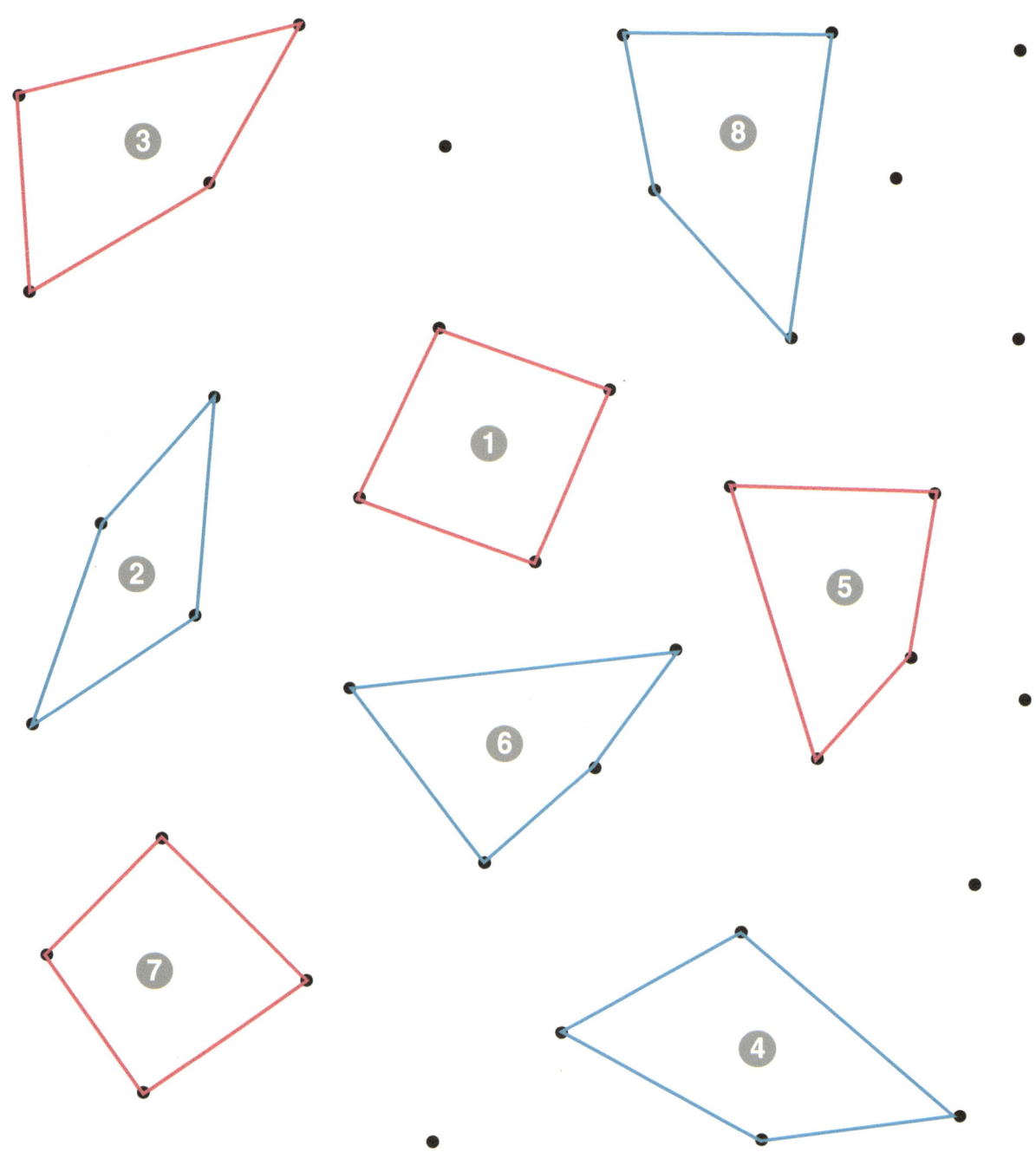

빨간색 차례에 점은 여러 개 남았지만 더이상 사각형을 그릴 수 없어 게임이 끝났다.

사각형 그리기

놀이진행.2

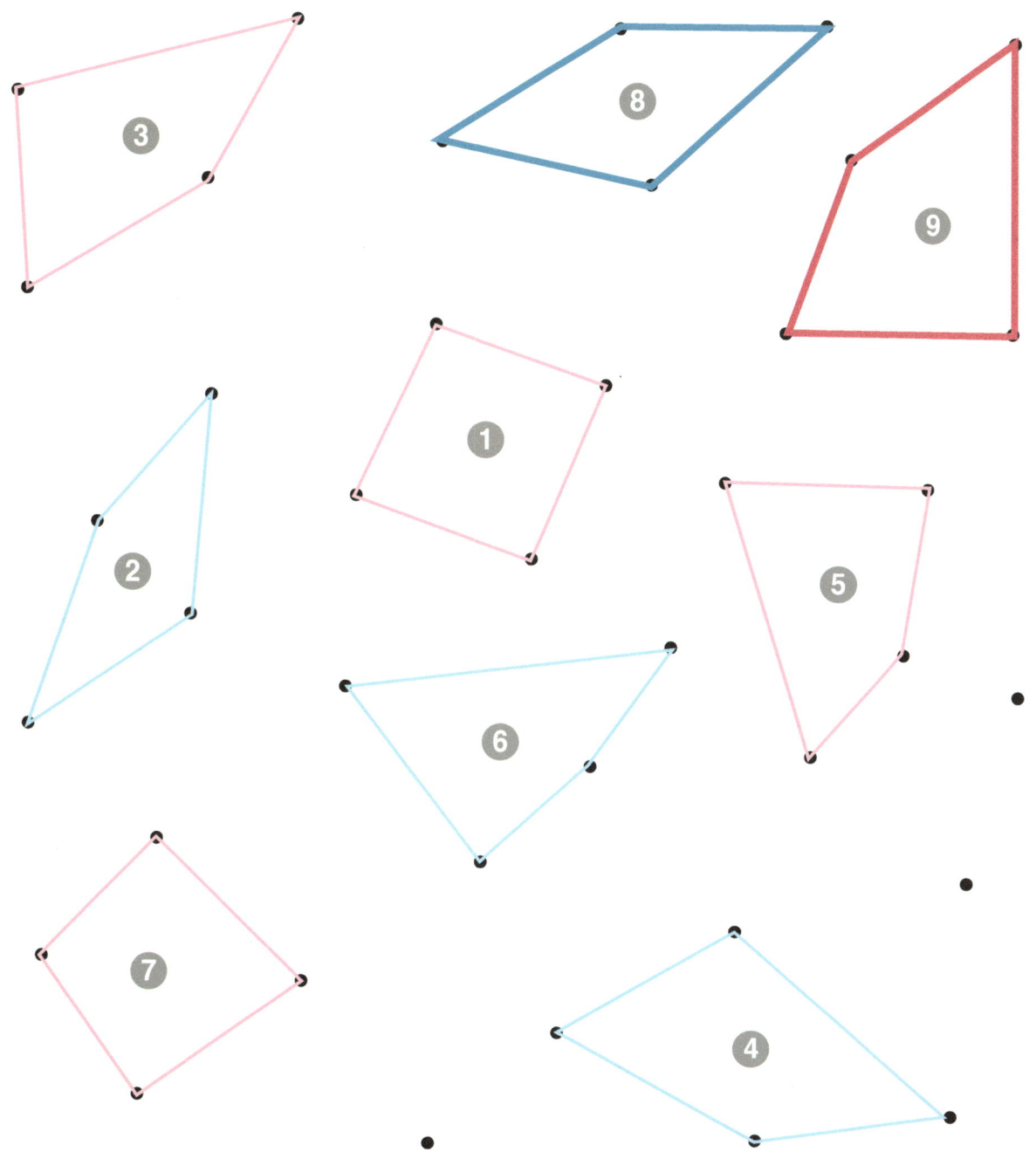

파란색 차례에 8번처럼 사각형을 그리면 빨간색이 9번 사각형을 그릴 수 있어 파란색이 지게 된다.

사각형 그리기

아이와 함께
연필로 하는 수학 보드게임

차례 / 1권, 2권, 4권

차 례

줄 만들기

▶ 공 떨어뜨리기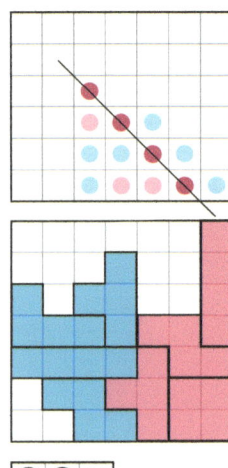

▶ 테트로미노 쌓기

▶ 틱택토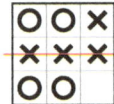

▶ 틱택토 안만들기

▶ 큰 틱택토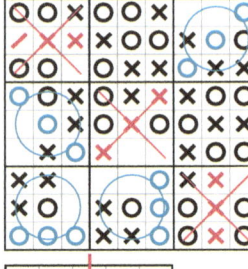

▶ 4줄 만들기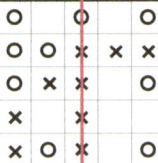

▶ 4줄 안만들기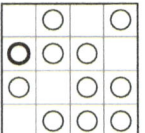

길 건너기

▶ 헥스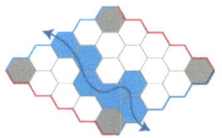

▶ 뜻밖의 함정

▶ 꼬불꼬불 미로 여행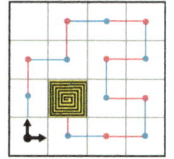

▶ 주전자에 무늬 그리기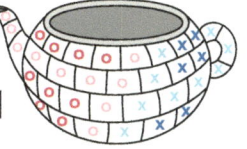

▶ 길 건너기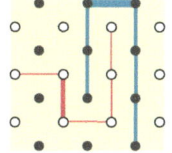

▶ 사선으로 길 건너기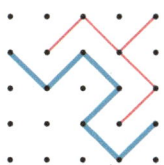

▶ 포도 네 송이

배치하기

▶ 사과 따 먹기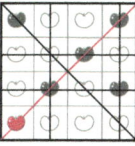

▶ 퀸즈 게임

▶ 36명의 장교 게임

▶ 지뢰 제거하기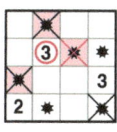

▶ 육각형 지뢰 제거하기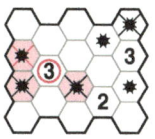

▶ 지뢰 만들기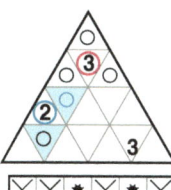

▶ 지뢰 설치하기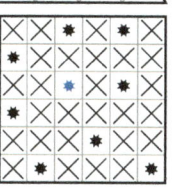

차 례
님 게임

▶ 과일 먹기

▶ 뱀 종이띠 자르기

▶ 다섯 만들기

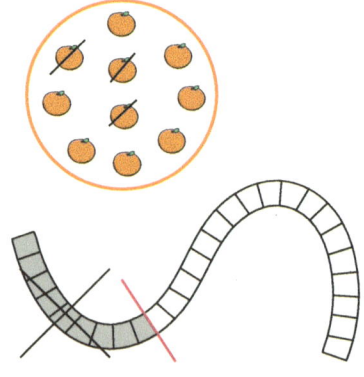

▶ 1, 2, 3 지우기

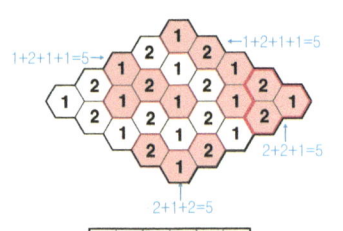

▶ 마지막 숫자

▶ 487원 만들기

채우기

▶ 도미노 덮기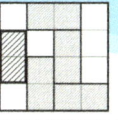

▶ 펜토미노 덮기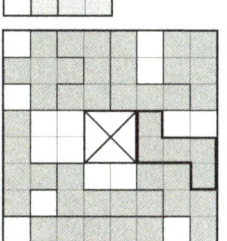

▶ 마름모 도미노 덮기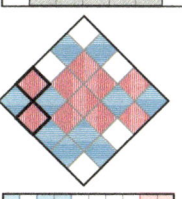

▶ 꼭짓점 잇기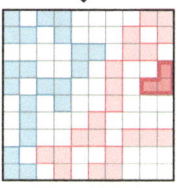

▶ 헥시아몬드 덮기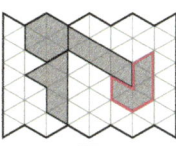

▶ 트리아몬드 놀이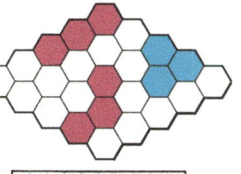

▶ 십자블록 깔기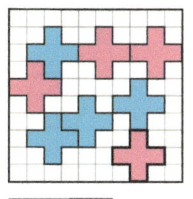

▶ 트리오미노 덮기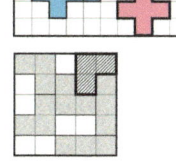

▶ 테트로미노 덮기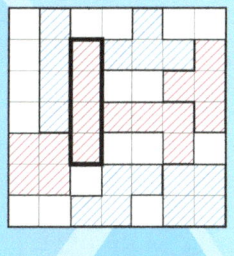

▶ 정육면체 전개도 덮기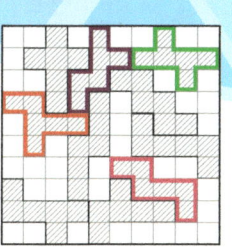

▶ 같은 모양 찾기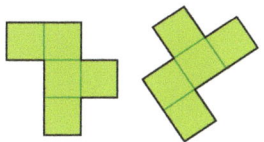

평면 나누기

▶ 삼각형 나누기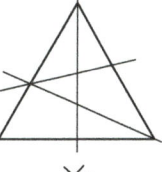

▶ 동그라미 나누기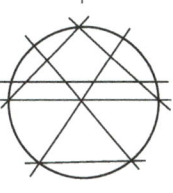

▶ 교차점 만들기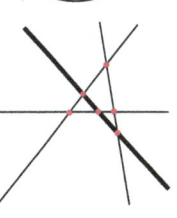

차 례 전략 놀이

▶ 오목 만들기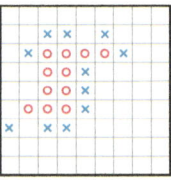

▶ 바둑 놀이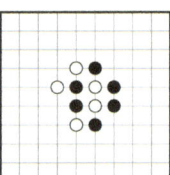

▶ 심 게임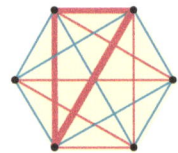

▶ 세포 분열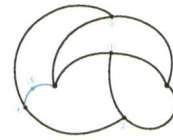

▶ 스피드 미로 찾기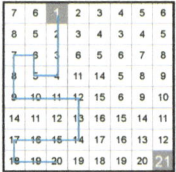

▶ 자동차 여행(길 만들기)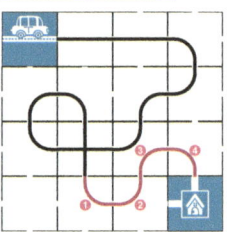

▶ 사다리 타기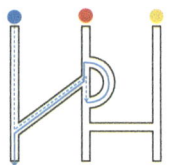

점 잇기

▶ 두 점 잇기

▶ 살금살금 점 잇기

▶ 세 점 잇기

▶ 십자 세점 잇기

▶ 막다른 길 만들기1

▶ 막다른 길 만들기2

▶ 좌충우돌 집찾기

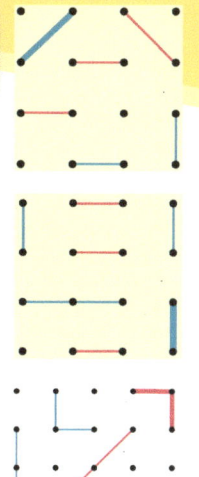

▶ 테트로라인 잇기

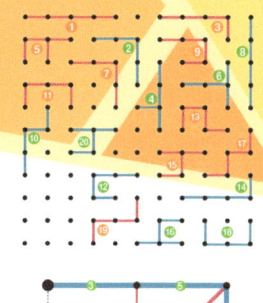

▶ 스위칭 게임

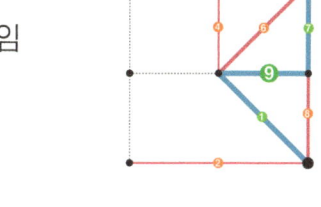

한글 게임

▶ 낱말 만들기

▶ 초성 놀이

▶ 끝말 잇기

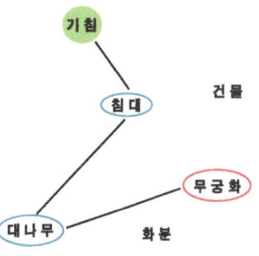

연필로 하는 수학 보드게임.3권

초판 발행일 : 2024년 8월 20일

지은이 : 한버공
펴낸 곳 : 청송문화사
　　　　　서울시 중구 수표로 2길 13
홈페이지 : www.kidzone.kr
전화 : 02-2279-5865
팩스 : 02-2279-5864
등록번호 : 2-2086 / 등록날짜 : 1995년 12월 14일

가격 : 22000원
잘못 인쇄된 책은 서점이나 본사에서 바꿔 드립니다.